AF401704

Var et Blondel

R 2991.
4 E.

21970

LOISIRS

PHILOSOPHIQUES.

DE M. B.

A LONDRES;

Et se trouvent

A PARIS,

Chez DUCHESNE, ruë Saint Jacques, au-dessous de la Fontaine Saint Benoît, au Temple du Goût.

M. D. C. C. L. V. I.

ANALISE
D'UNE PRÉFACE.

MANDIER les fuffrages du Lecteur, & braver les Satires du Critique ; faire parade d'une érudition déplacée, pour fe donner un air d'Auteur ; & plaifanter lourdement pour faire croire qu'on a l'efprit aimable ; prendre un ton avantageux, pour donner à penfer qu'on a fait les plus belles chofes du monde, & dire des fottifes, pour prouver le contraire ; courir les infipides éloges que prodiguent les Petits-beaux-Éf-prits, & fuir les fages avis des perfonnes de bon-fens ; vanter extrêmement fon Ouvrage, & méprifer extrêmement ce-lui des autres ; promettre une infinité de chofes, & n'en pas tenir une : Voilà ce que c'eft qu'une préface, & voilà ce que je n'ai point voulu faire.

A ij

LOISIRS

PHILOSOPHIQUES.

I.

L faut croire que c'eſt quelque choſe de bien aimable que la Nature : j'entends de tous côtés parler d'elle. Il eſt vrai que je ne la trouve nulle part. Suivant l'idée que je m'en ſuis faite , j'en vois ſeulement un portrait aſſez fidele dans les Ouvrages de quelques grands hommes. Cela ne me

A iv

contente point. Je suis cu-
rieux de l'original. Si je ne
me trompe , c'est une beauté simple , mais réguliere ;
touchante , mais modeste ;
gracieuse, mais sage. Je sçais
aussi qu'elle tient d'elle seule tous ses agrémens : car
si elle en cherchoit d'étrangers , elle ne seroit plus *Na-*
ture ; & on peut dire que
tout ce qui n'est point elle ,
est extrêmement éloigné
d'elle. Cet espace est aussi
immense que celui qui est
entre notre pensée , & l'objet de notre pensée. La Nature est faite pour nous , &
vraisemblablement nous é-

tions faits pour elle. Qui nous empêche donc de l'aimer & de la suivre ? C'est qu'elle nous donne des loix qui ne s'accordent pas avec notre méchanceté caractéristique. Nos sentimens & les siens se contrarient sans cesse. Nous faisons précisément tout le contraire de ce qu'elle nous demande. Elle s'échappe, elle fuit, & nous l'oublions. Rien n'est plus vrai. Mais que faire à cela ? Des choses actuellement impossibles. Nous sommes parvenus à un point, que le mal semble irremédiable. Il faudroit qu'il arrivât dans les mœurs de grandes révolutions , pour recouvrer ce que nous perdons tous les jours. Il eſt fâcheux de vivre ſans eſpérance ; & il eſt encore plus fâcheux de ne ſçavoir vivre, qu'après qu'on a vécu.

II.

Naiſſons - nous avec un penchant décidé vers le mal ? Naiſſons-nous avec un penchant décidé vers le bien ? Parlez , Philoſophes. Je ne vois pas qu'il y ait là de problême. Jettez les yeux ſur cet enfant : que deviendra-t-il, ſi je le quitte un inſtant ,

fi je ne corrige en lui de bon-
ne-heure cette malheureufe
inclination que je lui remarque à mentir, à fe battre, à
déchirer, à voler, & à faire
mille autres chofes plus dan
gereufes encore ? Je le dis
hardiment ; s'il m'étoit permis d'agiter cette queftion,
j'opinerois pour le mal. Mais
je me garde bien de difcuter
un point fi délicat : je fuis
homme, & j'ai trop peur d'a-
voir raifon.

I I I.

Je ne fçais fi c'eft un bonheur que de recevoir une
éducation brillante : mais je

sçais que tout le monde n'étant pas dans ce cas, on peut s'en consoler ; quand d'ailleurs on est né avec des qualités estimables. La vertu est toujours la même. Un beau diamant mal mis en œuvre peut perdre quelque chose de son éclat, mais jamais rien de sa valeur réelle.

I V.

Et qu'est-ce qu'une éducation brillante ? Presque le contraire d'une bonne éducation. Je vois un jeune homme passer quinze ans à apprendre un peu de Latin,

pour n'être souvent qu'un
fot ; un peu de Mufique,
pour ne point chanter ; un
peu de Danfe, pour fauter
fort mal ; enfin un peu de
tout, pour ne rien fçavoir.
Eh ! quoi, quinze ans fe paf-
fent ainfi , fans qu'on ap-
prenne l'ufage qu'on peut
faire de fa raifon ; fans qu'on
fçache feulement définir les
termes de *devoir* & de *vertu !*
Les hommes donnent donc
leur tems bien gratuitement,
puifqu'ils l'employent à des
futilités qui ne peuvent les
rendre ni meilleurs, ni plus
heureux. C'eft une chofe
unique que cette extrava-
gance.

V.

Il faut qu'un enfant desti-
né à vivre dans le monde,
sçache vivre comme dans le
monde. Cela est constant.
Car il est ridicule de paroître déplacé dans un endroit
où on est obligé d'être sans
cesse. Je veux bien & je
trouve bon qu'il s'applique à
quelque chose dont il puisse
s'amuser & amuser les au-
tres. On doit aimer ce qui
peut orner l'esprit & donner
de la grace au corps : mais
je suis choqué de voir le
tiers d'une vie employé à

des arts dont on ne veut
point faire profession. J'ai dit
cela ; & je suis sûr d'avoir
donné de l'humeur à bien
des gens.

V I.

Deux chofes font néceffaires pour former un jeune
homme ; les livres & le monde. Tel qui n'a vû que des
livres, eft fouvent un fauvage : tel qui n'a vû que du
monde, un fot. Le premier
eft un homme toujours grave , quelquefois ftupide ;
groffier par habitude, poli
par diftraction, & que toutes les plaifanteries du mon-

de ne peuvent dérider. L'autre eſt un joli homme qui ſçait faire la pirouette en entrant chez une femme; mettre dans ſa tête un répertoire de fadeurs & les débiter; raconter la nouvelle du jour, & rire à tout propos. Sont-ce là des gens aimables, à votre avis? Ne rire de rien, c'eſt ſtupidité: rire de tout, c'eſt ſottiſe.

<h2 style="text-align:center">VII.</h2>

Il n'y a qu'un Gouverneur bigot, ou imbécille, (les deux qualités ne ſont pas incompatibles,) qui puiſſe défendre à ſon éleve d'avoir de l'a-

mour propre. Quiconque en
a trop, meurt souvent sans
s'être fait honneur : quiconque en manque, est indigne
de vivre. Quoi de plus absurde que de vouloir qu'un
homme ignore, quand il a fait
une belle action ! Jeunes
gens, ce n'est point l'amour
propre que vous devez redouter, mais l'amour des
louanges qui est le poison
des vertus. N'anéantissez pas
votre amour propre : sçachez
seulement le rectifier ; & ce
fera un aiguillon puissant,
qui en vous donnant une émulation vive & forte, vous
comblera de gloire au mi-

lieu des prospérités, & vous
soutiendra dans les malheurs
trop ordinaires que la prudence humaine ne peut éviter ni prévoir. Quant à l'a-
mour des louanges, je passe
condamnation contre lui.
La vertu n'a point d'ennemi
plus cruel, ni plus rusé. Il
la séduit, sans qu'elle s'en
apperçoive ; il l'anéantit ,
sans qu'elle le croye. Ger-
manicus étoit un grand homme ; mais il me semble qu'il
risqua beaucoup pour sa vertu , lorsqu'une nuit (a) étant
sorti de sa tente, couvert de

____

(a) *Tacit. Annal. lib.* II.

la peau d'une bête, il prit
des chemins détournés pour
ne point être vû des fenti-
nelles, & enfila les rues du
Camp, s'arrêtant à chaque
tente, afin d'écouter les en-
tretiens des foldats. Il eût
tout lieu d'être fatisfait de
cette imprudente démarche,
puifqu'il entendit des éloges
où il étoit fûr que la flatterie
n'avoit point de part. Mais
n'eft-ce pas trop fe hafarder?
Ne devoit-il pas craindre de
fe laiffer éblouir ? Ce malheur eft arrivé à plus d'un
grand homme. C'eft un trop
fenfible plaifir que celui de
s'entendre louer. C'eft une

liqueur délicieufe , mais meurtriere, que l'on prend avec avidité, qui enivre a- vant même qu'on ait achevé de la boire. Qu'a donc befoin la vertu d'être préconifée ? Elle doit fe fuffire à elle- même. J'aimerois autant qu'on me foutînt que ces boiffons fpiritueufes, inven- tées par la moleffe, font né- ceffaires à la vie, tandis qu'il eft évident qu'elles lui font nuifibles. Soyés vertueux. Je vous permets de le fçavoir, & de vous en applaudir : mais n'allez pas plus loin.

VIII.

Si j'avois à éduquer une jeune perſonne, je lui dirois ſouvent; ne croyez pas ceux qui vous diſent que la douceur, la modeſtie, la ſincerité ſont des vertus imaginaires. La douceur eſt un aiman dont la puiſſance vous attirera tous les cœurs. Maîtreſſe des eſprits, ſans le paroître, vous regnerez dans les ſocietés. La modeſtie en gazant les belles actions, ne leur laiſſe qu'un demi-jour qui les embellit encore. On a dit que les yeux étoient le

miroir de l'ame ; on pourroit
ajouter que la sincerité est
celui des sentimens. Une
personne vertueuse a donc
intérêt d'être sincere : car en
exposant le tableau de ses
sentimens, elle n'expose autre chose que le tableau de
ses vertus. Une prude vous
conseilleroit de redouter l'a-
mour : écoutez-moi. Si en
demandant compte à votre
cœur de ses sentimens, il
vous dit qu'il est captivé,
non par la beauté, mais par
le mérite ; non par les clin-
quans du faux bel-Esprit,
mais par les charmes d'un
noble caractere ; non par

une conformité de gout pour
le plaisir , mais par un heureux rapport de sagesse &
de raison ; alors, je ne crains
pas de le dire , applaudissez
à votre tendresse , écoutez
avec joie ce doux penchant ;
il ne peut faire naître chez
vous que des perfections de
plus. La noblesse des sentimens , la délicatesse de l'esprit , la bonté du cœur sont
des trésors mille fois plus
précieux que ceux de la fortune. Tous les frivoles avan-
tages qu'elle peut nous faire
ne valent pas ensemble la
moindre des vertus. Ne
croyez pas qu'on puisse bien,

quand on a la beauté en partage, se permettre des vices dans le caractere. Un beau visage ne doit annoncer qu'un bon esprit. Si vous jettez les yeux sur un miroir, faites tous vos efforts pour ne pas vous appercevoir que vous possédez quelques charmes. Du trop d'amour propre naît l'orgueil; de l'orgueil naît une certaine paresse de l'ame, & cette paresse, (on le sçait,) est la mere de tous les crimes. Je sens bien comme vous que se regarder dans une glace, & ne pas s'y trouver telle qu'on est, doit être une chose assez difficile.

difficile. Il n'y a gueres que
les laides qui poſſedent ce
merveilleux ſecret. Tant de
gens d'ailleurs vous aſſure-
ront que vous êtes aimable,
que vous ne pourrez plus
en douter. Mais gardez-vous
de faire des réflexions, ou
trop longues, ou trop avan-
tageuſes ſur les beautés de
votre figure. Ce ſeroit peut-
être le plus ſûr moyen de
corrompre celles de votre
ame. Je ne voudrois pas qu'à
un certain âge on vînt me dire
de vous ; « Je l'ai vue, elle a
» été jolie. » Je ſerois charmé
au contraire, ſi on me diſoit; « Je l'ai vue, elle a été

» jolie, elle eſt toujours ai-
»mable. » Quoi de plus triſte
en effet que d'être ſans mérite à quarante ans !

O Coquettes! Si je craignois
vos brocards, que devrois-je
faire après ce débordement
de morale ? me cacher.

I X.

J'ai vû un nombre inhom-
brable de gens , qui au lieu
de donner une éducation
convenable à leurs enfans,
ſe contentoïent de leur donner l'être , & paſſoient le
reſte de leur vie à boire ,
manger, jouer & dormir. Ce

n'étoit-pas leur faute : ils n'en ſçavoient pas davan-tage. Mais qu'auroient pû faire les enfans à leur tour ? boire, manger, jouer & dormir. La reconnoiſſance eſt une vertu. On ne leur avoit point appris ce que c'é-toit que *vertu* ; ils étoient donc quittes de reconnoiſ-ſance. Je ne prétends point dreſſer ici un plan d'éduca-tion, ni repeter ce que d'ha-biles gens ont dit tant de fois. Le ſage Locke n'a rien laiſſé à déſirer ſur ce point important : mais c'eſt qu'on aime à inſiſter ſur ce qui frappe le plus.

Montagne qui connoif-
foit fi bien les hommes, par
ce qu'il fe connoiffoit lui-
même, prétend avec raifon
qu'on n'eft pas affez févere
fur ce qu'on nomme petits
défauts dans les enfants. » Je
» trouve, dit-il, que nos
» plus grands vices prennent
» leur pli dès notre plus
» tendre enfance. C'eft paffe-
» temps aux meres de voir
» un enfant tordre le col à
» un poulet, & s'ébattre à
» bleffer un chien ou un
» chat : & tel pere eft fi fot
» de prendre à bon augure
» d'un ame martiale, quand
» il voit fon fils gourmer in-

» jurieufement un payfan,
» ou un laquais qui ne fe
» deffend point ; & à gentil-
» leffe , quand il le voit affi-
» ner fon compagnon par
» quelque malicieufe délo-
» yauté & tromperie. Ce
» font pourtant les vraies fe-
» mences & racines de la
» cruauté , de la tyrannie,
» de la trahifon : elles fe ger-
» ment là & s'élevent après
» gaillardement, & profitent
» à force entre les mains de
» la couftume. (*a*)

____

(*a*) Effais. Liv. I. chap. 22.

X.

Hommes, que la fortune a placés dans une Sphere au deſſous des ſentimens que vous a donnés une ſage édu-cation, conſolez-vous. Un extérieur noble, un habit magnifique vous mettroient au deſſus du peuple, tout au plus ; vos ſentimens vous mettent au deſſus de bien des Grands.

X I.

Si on me demandoit ce que c'eſt que la fortune, je répondrois que c'eſt une femme.

XII.

C'eſt la manie des gens d'un rang diſtingué, de croire que ceux qui ſont aſſés malheureux pour manquer de naiſſance, manquent auſſi de ſentiment. Je ſuis d'une naiſſance baſſe & obſcure, & je n'ai point de fortune. L'Etude des Loix fait mon occupation ; celle de la Philoſophie & des Lettres, mes loiſirs. La premiere me procurera le neceſſaire de la vie ; l'autre, les agrémens. Voilà tout ce que je dis de moi. Je ne demande point à être connu de ceux qui m'ignorent, & je laisse à juger par mes actions à ceux qui me connoissent, si j'ai quelque sentiment.

XIII.

A envisager les choses d'un certain côté, c'est un malheur d'être né sans fortune. Mais il est irréparable. C'est une chose faite. On peut y penser une fois, point davantage. Si vous ne vous en consolez pas, je vous jure que vous êtes aussi fou, que si vous regrettiez de n'avoir point cent bras. Est ce un

affront, que le fort vous a
fait ? Pourquoi gémiffez-
vous ? attendez. Je vous de-
vine …. Mais me trompé-
je ? Faites-vous attention au
mépris dont vous accablent
quelques Dieux de la terre ,
qui n'ont pour eux que
d'immenfes richeffes , un
vain nom , un grand orgüeil
& une petite ame? En vérité,
vous êtes de bonne foi. Votre fçience , vos talens , votre vertu même , tout ce-
la dépend-il de la fortune ?
Non. Ce n'eft pas d'elle que
vous tenez ces dons pré-
cieux : ce n'eft pas elle qui
vous les retirera. Son pou-

voir ne s'étend pas si loin.
Elle vous a oublié dans le
partage qu'elle a fait de ses
faveurs ? Eh! bien, c'est un
malheur, si vous voulez ;
& rien de plus.

XIV.

Je ne veux point affecter
un faux air de Philosophie.
Si j'essayois de montrer la
plus parfaite ataraxie pour
les biens de la fortune, on
ne m'en croiroit pas, & on
auroit raison. J'avoue donc
naïvement ma pensée. S'il
m'eût été permis de faire un
choix, je n'aurois pas pris des

tréfors auffi immenfes qu'i-
nutiles; mais j'aurois fouhai-
té me procurer une certaine
aifance, qui m'eût mis dans
le cas de ne travailler que
pour le plaifir de travailler, & hors des embarras
qui accompagnent fi fou-
vent les trop grands biens.
Quand j'ai vû que cela n'é-
toit point, j'ai pris mon parti. J'ai fait des réflexions
falutaires, & j'ai dit en
moi même : Tout bien con-
fideré, je ne dois point
fçavoir mauvais gré à la
fortune, de fon caprice.
C'eft peut-être un grand
bonheur pour moi, que

j'aye été du nombre des proscrits. Ses faveurs sont dangereuses. Si je fusse né au sein de l'opulence, entraîné bientôt par le tourbillon des faux plaisirs, j'aurois négligé la Vertu & les Sciences. Je ne vaux pas grand chose, j'aurois valu encore moins : je ne sçais guere, j'aurois encore moins sçû. C'est une terrible chose que d'être tout à la fois vicieux & ignorant. En suppofant que j'eusse confervé la tendresse du cœur, la compassion, l'estime de la vertu opprimée, c'est dommage. J'aurois eû beaucoup de fa-

tisfaction à dire : « Je puis
» rendre quelqu'un heureux,
» il faut le faire. » Mais con-
venons que cette hypotese eſt
bien fragile. Ainſi je n'y ſonge plus ; & me voilà conſolé
de ma diſgrace , comme un
honnête homme qui eſt exi-
lé de la Cour d'un mauvais
Prince. (a)

(a) On pourroit apliquer aux faveurs de la
fortune , ce que la Fontaine dit de celles de
la Cour.

Lorſque ſur cette mer on vogue à pleines voiles,
Qu'on croit avoir pour ſoi les vents & les étoiles.
Il eſt bien mal-aiſé de régler ſes déſirs.
Le plus ſage s'endort ſur la foi des Zéphirs.

X V.

L'homme eſt d'une natu-
re bien ſinguliere. Il veut
être heureux, l'eſt quelquefois, ne peut pas l'être toujours, & s'en plaint : de
ſorte que c'eſt preſque un
malheur pour lui de ne pas
être toujours malheureux.
Son caractere ne ſe plie
point aux événemens. Le
mélange ne lui vaut rien.
Il faudroit qu'il fût tout un,
ou tout autre. Une miſere
ſoutenue, des infortunes
continuelles, lui ſont moins
dures à ſoutenir qu'un mal-

heur inattendu. Il s'accoutume trop facilement à jouir.
Dès qu'il jouit, il croit jouir
pour toujours : & lorſqu'il
eſt obligé de s'appercevoir
qu'il ſe trompoit , il n'eſt
pas aſſez raiſonnable pour
s'en conſoler. Je voudrois
développer ceci.

Faites moi paſſer en revue
ces gens groſſiers & ſans lu-
mieres , nés dans la condition la plus abjecte. Préſen-
tez moi de ces hommes que
vous appellez les malheu-
reuſes victimes des caprices
du ſort , & qui ont connu la
miſere , dès qu'ils ont ouvert les yeux. A quoi paſſent

ils leur vie ? A manger, travailler, dormir, & à faire
d'autres malheureux. Soyez
sûr que vous avez plus de
pitié de leur état, qu'ils n'en
ont d'horreur. Ils ont moins
de passions, parce qu'ils ont
moins d'idées. Cela est clair.
L'habitude qu'ils ont con-
tractée de souffrir, leur fait
perdre celle de croire qu'ils
souffrent. C'est une espece
d'ignorance de leur misere :
& s'ils sçavent qu'ils sont
malheureux, ils sçavent à
peu près cela, comme nous
sçavons que nous devons
mourir. Voilà de la part de
la Nature une conduite bien

admirable. Si elle fait naître des gens dans un état de misére , elle leur donne un caractere propre à le soutenir , & même à l'oublier. Car, de ce que dans tel sociétés civiles toutes sortes d'états font néceffaires pour y maintenir une dépendance continuelle les uns des autres , fans laquelle ces sociétés tomberoient dans une anarchie qui en cauferoit la perte ; il s'enfuit qu'il doit y avoir des hommes faits pour fervir les autres ; & que fi ces hommes, faits pour fervir les autres , viennent à découvrir l'horrible néant dans lequel ils font plongés, ils détefteront infailliblement la vie, chercheront à fortir par-la mort ou la fuite de cet état de mifere, & détruíront ainfi l'harmonie de la focieté.

.Mais croyez-vous que ce foit une petite affaire de confoler un homme d'une condition moins baffe, qui fortant d'un état heureux, vient d'être frappé d'un revers inopiné ? une éducation diftinguée fait naître une certaine délicateffe de fentimens : & comme les enfans qu'on nourrit avec les alimens les plus groffiers, font

souvent les plus robustes, &
ceux qu'on nourrit des mets
les plus délicats, sont souvent aussi les plus foibles : les
différentes éducations pro-
duisent de même la différen-
ce des caracteres. Un enfant
sera plus ou moins dur, selon
qu'il sera plus ou moins du-
rement élevé. Le Paysan
brave l'intemperie des Sai-
sons, & les maladies. Il ne
succombera point au travail
le plus opiniâtre. Une personne élevée dans les délices
des Villes, impatiente des
moindres maux, que son
imagination grossit encore,
ne résiste point aux coups de

la fortune. Vous lui prouve-
rez par mille raiſons qu'il
n'y a pas un état inferieur au
ſien , où il ne ſoit attaché
mille fois plus de maux
qu'elle n'en reſſent. Mais
croyez vous par là diminuer
ſa douleur?Vous flattez vous
d'occaſionner chez elle des
diſtractions aſſez fortes pour
la rendre moins ſenſible? Le
meilleur motif de conſolation que vous puiſſiez appor-
ter à un affligé , eſt ſans
doute la conſidération de
tant de milliers d'hommes
au deſſous de lui , nés dans
la plus affreuſe miſere : mais
je vous aſſure que c'eſt encore

une raifon bien foible pour
quelqu'un qui fçait que la
plupart des mortels obfcurs
dont vous lui parlez, font
malheureux fans y faire attention. Votre homme eft
malheureux, il le fçait, cela
lui fuffit. Il concevra même
une efpece d'horreur de l'in-
fenfibilité de ces gens du
peuple, & il vous dira, en
pouffant un profond foupir :
» Vos raifons font excellen-
» tes, mais helas ! je fuis le
» plus malheureux des hom-
» mes, & je ne fçais pas pren-
» dre le monde comme il eft,
» ni le tems comme il vient.

XVI.

Ce n'eſt point au centre du beau monde , dans les Cours , ni dans les grandes Villes que la vertu a choiſi une demeure fixe. Il eſt vrai qu'elle y paroît de tems à autre , & de loin à loin ; mais on ne voit point qu'elle y établiſſe ſa réſidence. Comme elle eſt preſque toujours triſte de qùlques nouvelles perſécutions , elle fuit la multitude. Elle cherche des conſolations en elle même , & les trouve. Il faut cependant avouer que ſa ti-

midité lui nuit quelquefois,
& qu'il y a toujours dans
l'univers des hommes qui se
déclareroient ses protec-
teurs, si elle se montroit à
eux. La vie la plus retirée
est celle qui lui plaît davantage. Le Palais qu'elle habi-
te est situé dans une isle es-
carpée & sans bord, incon-
nue à la plus grande partie
des mortels. Là, elle passe
ses jours dans un morne silence. Craignant sans cesse
les outrages, elle ne sort de
son asyle que dans les instans
où elle se croit à l'abri des
profanes; & ces instans sont
si rares, qu'à peine on la voit

une fois en plusieurs années.
On remarque même qu'il y
a certains tems où elle paroît si peu qu'on croit qu'elle
n'existe plus, & qu'on ne se
donne pas la peine d'en parler. Tant il est vrai que les
choses les plus respectables
font bientôt oubliées parmi
les hommes, quand elles ne
paroissent point au grand
jour !.

XVII.

La Vertu rencontre des
obstacles à chaque pas. C'est
un Vaisseau qui brise contre
d'énormes rochers. L'hom-
me est né foible. Un rien le
décourage.

décourage. Il a promis le matin d'être vertueux ; un malheur lui arrive avant le soir ; il manque à sa parole. Il s'étoit affermi dans ses principes, le voilà accablé par un revers. Il croit que la Vertu sans appui est une triste chose. Et s'il n'y est pas fortement attaché depuis longtems , il la laisse échapper, lors même qu'il en a le plus de besoin. Combien en voyez - vous supporter leurs maux patiemment , plutôt que de renoncer à leur Vertu ; souffrir la mort, avant que de ternir leur gloire ? Un sur mille , c'est beaucoup dire : & il faut

C

être bien prévenu en faveur de l'humanité, pour oser le croire. Le crime porte le trouble dans les confçiences: le danger porte la crainte dans l'ame ; & facrifice pour facrifice, nous fommes affez miférables pour regarder la Vertu comme une chofe moins précieufe que la vie.

Autre obftacle, l'Envie, ce monftre affreux qui caufe tant de ravages dans les mœurs, cette hydre toujours renaiffante, qu'on ne viendra jamais à bout d'exterminer, parce qu'il faudroit pour cela plus que les bras d'un Hercule ; l'Envie, dis-je , ne contribue pas peu au relâchement des devoirs. Nous n'ofons , infenfés que nous fommes , paroître vertueux auprès de ceux qui ne le font pas. S'ils font puiffans , nous craignons de perdre leurs bonnes graces. Si ce font nos égaux, leur envie nous paroît redoutable. Nous avons peur qu'ils ne nous fupplantent , ou qu'ils ne nous nuifent. Si ce font nos fubalternes , nous croyons ne pas être à l'abri de leurs plaifanteries ; & nous prétendons qu'il eft fâcheux de fe voir ridiculifer par des gens qui valent moins que foi.

C ij

Je trouve dans l'antiquité
payenne un exemple bien
grand de cette fermeté d'a-
me, le caractere dominant
de la vraie fageſſe. Voyez
Socrate aux pieds de l'Aréo-
page. Admirez le ſang-froid
de ce Philoſophe, & écoutez
le diſcours qu'il tient aux
Juges qui deliberent ſur ſa
mort. (*a*)

» J'ay peur, Meſſieurs, ſi
» je vous prie de ne me fayre
» mourir, que je m'enferre

(*a*) Je crois faire plaiſir au Lecteur de
rapporter ici le morceau entier, tel qu'il eſt
dans Montagne, Livre III de ſes eſſais, Tome
VI. Chapitre XII. Rien n'eſt ſi beau que
cette ſimplicité de notre Philoſophe François;
& le diſcours par lui même eſt un des plus
touchans que j'aye encore vûs.

» en la délation de mes accu-
» fateurs, qui eſt que je fay
» plus l'entendu que les au-
» tres, comme ayant quel-
» que cognoiſſance plus ca-
» chée des choſes qui ſont
» au deſſus & au deſſoubs de
» nous. Je ſçay que je n'ay ny
» frequenté, ny recogneu la
» mort, ny n'ay veu perſonne
» qui ayt eſſayé ſes qualités,
» pour m'en inſtruire. Ceux
» qui la craiſgnent, préſupo-
» ſent la cognoiſtre; quant à
» moy, je ne ſçay ny qu'elle
» elle eſt, ny quel il faict en
» l'autre monde. Al'advantu-
» re eſt la mort choſe indif-
» ferente, à l'advanture déſi-

» rable. Il est à croire pour-
» tant, si c'est une transmi-
» gration d'une place à autre,
» qu'il y a de l'amandement
» d'aller vivre avec tant de
» grands personnages trespaf-
» fés ; & d'être exempt d'a-
» voir plus affaire à Juges
» iniques & corrompus. Si
» c'est un anéantissement de
» notre estre, c'est encore a-
» mandement d'entrer en u-
» ne longue & paisible nuict.
» Nous ne sentons rien de
» plus doux en la vie qu'un
» repos & sommeil tranquil-
» le, & profond sans songes.
» Les choses que je sçay être
» mauvaises, comme d'of-

» fenfer fon prochain, & dé-
» fobéir au fupérieur foyt
» Dieu, foyt homme, je les
» évite foigneufement. Cel-
» les des quelles je ne fçay,
» fi elles font bonnes ou
» mauvaifes, je ne les fçau-
» roy craindre. Si je m'en-
» vay mourir, & vous layffe
» en vie, les Dieux feuls vo-
» yent à qui de vous ou de
» moy il en ira mieux. Par-
» quoy pour mon regard,
» vous en ordonnerez com-
» me il vous plaira. Mais felon
» ma façon de confeiller les
» chofes juftes & utiles, je
» dy bien, que pour votre
» confçience, vous ferez

» mieux de m'eslargir, si vous
» ne voyez plus avant que
» moy en ma cause. Et ju-
» geant selon mes actions
» passées , & publiques &
» privées , selon mes inten-
» tions , & selon le profit
» que tirent touts les jours de
» ma conversation tant de
» nos Cytoyens , jeunes &
» vieux , & le fruit que je
» vous fay à touts , vous ne
» pouvez duement vous des-
» charger envers mon mesri-
» té, qu'en ordonnant que je
» soy nourry , attendu ma
» pauvreté, au Prytanée, aux
» despens publics,ce que sou-
» vent je vous ayveu à moin-

» dre raiſon octroyer à d'au-
» tres. Ne prenez pas à obſ-
» tination ou deſdaing, que,
» ſuivant la couſtume, je
» n'aille vous ſuppliant &
» eſmouvant à commiſéra-
» tion. J'ay des amis & des
» parents, n'eſtant, comme
» dict Homere, engendré,
» ny de bois, ny de pierre,
» non plus que les autres ;
» capables de ſe préſenter
» avec des larmes & le
» deuil ; & ay trois enfants
» eſplorez, de quoy vous ti-
» rer à pitié. Mais je feroy
» honte à noſtre Ville, en
» l'aage que je ſuis, & en
» telle réputation de ſageſſe,

C v

» que m'en voicy en préven-
» tion de m'aller defmettre à
» fi lafches contenances. Que
» diroit-on des autres Athef-
» niens? J'ay toujours admo-
» nefté ceux qui m'ont ouy
» parler, de ne rachepter leur
» vie par une action deshon-
» nefte. Et aux Guerres de
» mon pays, à Amphypolis,
» à Potydée, à Délie, &
» autres où je me fuis trou-
» vé, j'ai montré par effect
» combien j'étoy loing de
» garantir ma feureté par ma
» honte. D'avantage j'in-
» térefferoy votre devoir
» & vous convieroy à cho-
» fe laide : car ce n'eft

» pas à mes prieres de vous
» perſuader : c'eſt aux rai-
» ſons pures & ſolides de
» la juſtice. Vous avez juré
» aux Dieux d'ainſy vous
» maintenir. Il ſembleroyt
» que je vous vouſiſſe ſoup-
» çonner & récriminer de
» ne croire pas qu'il y en
» aye ; & moy même teſ-
» moigneroy contre moy
» de ne croire point en
» eux, comme je doy, me
» défiant de leur conduicte,
» & ne remettant purement
» en leurs mains mon affai-
» re. Je m'y fie du tout ; &
» tien pour certain qu'ils fe-
» ront en cecy ſelon qu'il ſe-

» ra plus propre à vous & à
» moy. Les gens de bien ny
» vivants, ny morts, n'ont
» aucunement à se craindre
» des Dieux.

XVIII.

Ce qui est d'un grand
éclat, est toujours en droit
de plaire aux hommes. On
parle encore avec enthousi-
asme du Vainqueur de Da-
rius ; le Ministre de Louis
XII. tombe déjà dans l'ou-
bli. Soyez un illustre Bri-
gand, tout l'Univers va re-
tentir de votre nom. Ne soyez que vertueux ; il y a dé-

jà long-tems que vous n'êtes
plus. (*a*)

X I X.

De cet amour pour le brillant, vient, je crois, le peu
de gout qu'ont pour la vertu la plupart des hommes
en place. Le temple de Mémoire a quelque chose de si

(*a*). Je fuis perfuadé que cette penfée fem-
blera paradoxale à bien des gens. Mais il n'en
eft pas moins vrai (il faut l'avouer à notre
honte) que nous perdons plus facilement la
mémoire des grandes vertus, que des grands
crimes. Les noms mémes de beaucoup de Légif-
lateurs ne font point venus jufqu'à nous. L'Illuf-
tre Bayle s'eft plaint de cette injuftice. Je réponds aux critiques, en m'appuyant fur le fentiment de ce grand homme.

» Qui dit Légiflateur, dit un homme infi-
» niment utile aux focietés, & plus digne de

attrayant ! la perspective en
est si charmante ! on veut
revivre dans la posterité : on
ne consulte que le plaisir de
se faire un nom : & vous
verrez que mon grand hom-

» l'admiration des peuples que les Alexandres
» & les Césars. Néanmoins la mémoire des
» Législateurs n'est point passée jusqu'à nous
» avec le même fracas que celle des Conque-
» rans ; il s'en faut bien. C'est que notre es-
» prit étant peu capable de connoître la véri-
» table grandeur, en attache faussement l'i-
» dée aux actions qui font du bruit. Il ne
» sçauroit discerner le grand d'avec l'éclatant ;
» & ainsi la vie d'un homme qui s'occupe à
» remédier aux maux interieurs de l'État par
» de bonnes loix, est un objet qui ne frappe
» guères, parce qu'un tel ouvrage se fait dou-
» cement : mais si l'on subjugue des Villes &
» des Provinces ; si l'on fait périr des milliers
» d'hommes ; si l'on en réduit dix fois autant à
» l'aumône, on s'acquiert un nom tellement
» illustre, que la posterité la plus reculée n'en
» parlera qu'avec des transports d'admiration.
Bayle. Diction. Histor. & Crit.

me ſera ſur le pinacle, quand il aura fait une ou deux actions éclatantes, beaucoup de ſottiſes, & un plus grand nombre de crimes. Ainſi à quelque prix que ce ſoit, il faut avoir une réputation; & il n'y a gueres d'hommes à qui cette belle folie ne paſſe par la tête. On ne ſçauroit payer l'immortalité trop cher. Dût-on la payer de ſa vertu, il faut l'acquérir. Vous vous ſouvenez ſans doute d'un certain Seſoſtrate, homme obſcur & ſans talens, qui s'aviſa de mettre le feu au Temple d'Epheſe. Si le même jour auquel il fit cette action mémorable, Séfoftrate s'étoit contenté de fe rendre utile à un de fes Concitoyens, on n'eût jamais parlé de lui. Il crut pouvoir fe rendre immortel autrement. N'eut-il pas raifon ? Depuis tant de fiécles, fon nom fubfifte encore.

X X.

Les hommes demandent à être excités à la vertu par les exemples. Chercheront-ils toujours de vains prétextes pour s'éloigner d'elle ? Quand ils entendent un habile Orateur leur démontrer avec force la néceſſité d'être gens de bien , quand ils voyent un grand Acteur leur peindre au naturel les charmes de l'innocence , ils ſe diſent les uns aux autres ; » Tout cela eſt beau , mais » ces gens-là éprouvent-ils » la vérité de ce qu'ils nous » diſent ? » Frivole & ridicule palliatif. Hélas ! en vain l'exemple ſeroit-il joint aux préceptes , hommes , c'eſt moi qui vous le dis , vous n'en ſeriez pas plus ſages.

XXI.

Je vous soutiens que la vertu seule convient à tout le monde : & c'est en quoi elle est bien admirable. Par tout où elle se trouve, elle a droit de plaire. Quelle plus belle destinée que celle-là ! En fait de science, c'est bien autre chose. Tout est relatif. Nous blâmons dans certaines gens ce que nous avons admiré dans leurs prédecesseurs. Ce que nous aimons chez un Ecrivain, nous déplait chez un autre. Tout est rélatif. Je ferois peut-être bien, comme Montagne, le

tableau de ma vie domeſ-
tique ; je détaillerois bien
mes inclinations , mon humeur, mes plaiſirs & mes
peines. Il ne tiendroit qu'à
moi de me peindre , & de
faire regner dans mes colo-
ris un égoïſme perpetuel :
mais je ſerois un ſot orgueilleux , un écrivain inſoutena-
ble , parce que je n'ai ni le
ſçavoir profond , ni l'eſprit
aimable de Montagne. Ce
ſeroit alors que tout le monde ſeroit en droit de dire
avec un homme illuſtre du
ſiécle paſſé (*a*) ; le *moi* eſt
haiſſable.

____

(*a*). M. Paſcal.

XXII.

Il est une graine qu'il seroit difficile, mais nécessaire
d'extirper du terroir où elle
croît. Ce sont ces hommes
vils que Platon auroit pû
bannir de sa République sans
qu'on eût été en droit de
le lui reprocher. C'est cette
fourmiliere d'ames vénales,
qui non contentes d'être
inutiles à la Patrie, veulent
encore nuire aux mœurs par
de licencieux & insipides
ouvrages, contre lesquels
l'esprit & le cœur ne sçau-
roient trop tôt se mettre en

garde. Orgueilleux de leurs petits talens , vous voyez ces gens s'infinuer par tout avec une confiance qui manque fouvent aux hommes de mérite. Je les vois déjà fondre fur moi. J'entends leurs vaines clameurs. Croyent-ils venir à bout de m'effrayer ? Eh ! miférables infectes , travaillez à vous rendre utiles à la focieté ; acquerez des talens qui puiffent vous faire vivre avec honneur ; alors je ne ferai plus réduit à dire de méchantes vérités ; alors vous ne ferez plus réduits vous-mêmes à mandier par de baf-

ses flatteries des secours ig-
nominieux ; alors on ne
vous écrasera pas sans pitié.

XXIII.

Les prétendus Esprits-forts
se récrient toujours contre le
préjugé. Dans un sens, ils
ont raison. Le préjugé va
quelquefois jusqu'à nous faire croire qu'ils ont quelque
mérite, & qu'ils font des
personnages importans; ce
qui est un grand mal. Un de
ces messieurs voulut me soutenir un jour, en bonne
compagnie, qu'un fils prêt
à être tué par son pere juste-

ment ou injuſtement, pou-
voit, ſans bleſſer ſa conſçience, tourner de parricides
armes contre l'Auteur de ſes
jours. La deffenſe naturelle
& l'amour de ſoi - même
êtoient les belles raiſons ſur
leſquelles il appuyoit cette
Theſe affreuſe. Qu'oſez-
vous dire, répliquai-je aſſez
vivement? C'eſt tout au plus
ſi l'homme dans l'état de
nature, manquant de lumi-
eres & de connoiſſances, ſeroit capable d'une pareille
barbarie ; & vous, homme
éclairé, vous êtes aſſez miſérable pour la permettre ! Si
la deffenſe naturelle s'éten-

doit jusques-là, que devien-
droient les liens de la société ? Il faudroit que les gens
raisonnables se retiraffent
dans un coin de la terre, où
l'on ne vît point de telles
horreurs, & qu'ils ne ceffaf-
fent de gémir fur l'aveuglement de ceux qui fuivroient
un dogme auffi détestable.
Qu'entendez - vous encore
par l'amour de foi-même ?
Ou je me trompe fort, ou
votre Philofophie eft en dé-
faut. Il me femble que vous
ne vous défiez pas affez vous
même de vos préjugés. O
homme judicieux ! feroit-ce
donc fe haïr, que de fouffrir

la

la mort, plutôt que de la donner à celui de qui on a reçu la vie ? Que dis-je ? N'eſt-ce pas s'aimer fortement ſoi-même, que de vouloir périr innocent, plutôt que de vivre coupable du plus horrible de tous les crimes ?

X X I V.

Les travers de l'eſprit donnent quelquefois lieu à ceux du cœur : mais, conſiderés en eux mêmes, ils ſont beaucoup moins dangereux. Ceux-là n'entraînent après eux que le déplaiſir ; ceux-ci, preſque toujours la honte,

D

On pardonne à l'homme d'esprit de se tromper, parce que telle est sa foiblesse naturelle : mais on ne pardonne pas à un homme quelconque de faire une bassesse, parce qu'il est toujours en pouvoir de consulter son honneur ou sa conscience. Aussi peut-on assurer que la réputation d'homme d'esprit s'acquiert à peu de frais, & qu'il en coûte beaucoup pour acquerir celle d'homme vertueux. Pour être homme d'esprit, on n'exige pas de vous que vous possediez toutes les sciences. Choisissez celle qui

a pour vous le plus d'at-
traits, étudiez & faites vos
preuves ; votre réputation
eſt faite. Pour être homme
vertueux, il faut que vous
ayez toutes les vertus, ou
vous n'êtes rien. Je vois
une troupe de jeunes Vier-
ges qui ſont autant de beautés. C'eſt un tableau rare
& intéreſſant que je regarde avec admiration. Mais
qu'on les ſépare, qu'on les
éloigne l'une de l'autre, &
qu'il n'en reſte plus qu'une
ou deux devant mes yeux,
le charme eſt diſparu, je
ne vois plus qu'une choſe
ordinaire.

D ij

Quelque Grand homme
que fut le Balafré ; quelque vertu que Maimbourg
veuille nous faire admirer
en lui , ce Héros perdit
toute fa gloire , en prenant
les armes contre fon Roi ,
& fut un mal-honnête hom-
me , en déchirant le fein de
fa Patrie par les guerres
inteftines qu'il lui fufcita :
mais Mallebranche ne put ,
ni ne dut paffer pour im-
bécille lorfqu'il s'avifa de
vouloir démontrer que les
bêtes étoient de pures ma-
chines. (a)

____

(a) Selon le fyftême de Defcartes.

X X V

L'esprit tient aux mœurs plus que l'on ne pense. Comme je me suis proposé de parler des mœurs, je puis aussi parler de l'esprit, sans qu'on m'accuse d'aimer les digreßions. En considérant l'extrême rareté du bon-sens, & l'abondance extrême de ce qu'on appelle Bel-esprit, je comparerois volontiers ce dernier avec la monnoye, qui dès lorsqu'elle à un certain cours, & qu'elle est paßée par une infinité de mains,

perd insensiblement sa valeur intrinseque, & n'en a
plus qu'une relative, & de
convention. Le Bel-esprit
est aujourd'hui quelque chose de si commun, qu'il n'a
plus que la valeur qu'on a
l'indulgence de lui donner,
& qui est peu de chose.
Je regarde au contraire le
bon-sens comme ces médail-
les rares & précieuses qu'on
ne fait point tomber dans
le commerce, ou parce
qu'elles sont des monumens
anciens & respectables, ou
parce qu'on a eû beaucoup
de peine à les avoir.

XXVI.

Un préjugé aſſez commun eſt que nos Peres étoient meilleurs que nous, & que plus les hommes ont gagné du côté des ſçiences, plus ils ont perdu du côté de la vertu. *Cela étoit ainſi au bon vieux tems,* dit - on toujours, lorſqu'en parlant des mœurs de l'Antiquité, on les compare à celles du ſiécle où l'on vit. Ce paradoxe m'a chagriné plus d'une fois. J'ouvre les Livres d'un grand Philoſophe que j'ai déjà cité. (*a*)

(*a*). Bayle. Dict. Hiſt. & Crit.

D iv

» L'Histoire sainte, dit - il,
» ne nous parle que d'un
» honnête - homme dans la
» famille d'Adam : elle ré-
» duit a un honnête-hom-
» me la famille de cet hon-
» nête-homme, & ainsi de
» suite dans les autres géné-
» rations, jusqu'à Noë, chez
» qui se trouverent trois fils
» que Dieu sauva du déluge,
» avec leur pere, leur me-
» re, & leurs femmes. »

Croyez - vous que les hommes ayent été plus sages après ce fléau universel ? Feuilletez toutes les Histoires anciennes, soit sacrées, soit profanes. Confultez les annales de tous les peuples connus. Paſſez à travers l'eſpace immenſe des ſiecles. Tranſportez-vous dans les tems les plus reculés, & rapprochez-vous enſuite pas-à-pas de celui que vous voyez. Quel ſera le réſultat de toutes vos recherches ? Que les hommes n'ont point été meilleurs qu'ils ne ſont , mais bien qu'ils n'ont fait que changer de tems en tems de méchancetés.

D

XXVII.

C'est, me semble, une chose bien triste que la condition humaine. Jettons les yeux sur ces grands hommes dont les glorieuses actions ont étonné l'Univers. Nous n'en trouverons peut-être pas un dont la vertu n'ait été démentie par quelque foiblesse. Il faudroit que ces mortels illustres, destinés à éclairer les Nations, eussent toujours quelqu'un qui pût leur dire au moment où ils font prêts à tomber : » Malheureux,

» qu'allez-vous faire ? Pen-
» fez que l'Univers entier
» a les yeux fur vous ; &
» que plus on vous croit de
» grandeur, plus on va vous
» voir de petiteſſe. » En les
arrêtant ainſi au bord du
précipice, peut-être en con-
noitroient-ils la profondeur.
J'ai raiſon de dire peut-
être. O homme, que tu es
foible & miſérable ! Tu n'as
pour te conduire qu'une
petite lueur de raiſon, &
tu ne ſçais pas en faire
uſage.

X X V I I I.

Je m'apperçois que je dis souvent·des choses inutiles : car je parle souvent de la vertu.

X X I X.

Quelque triste que soit notre vie, il faut toujours penser que le découragement l'empoisonne encore. M'en croirez-vous ? Jouissez des biens de la terre, & armez-vous de patience pour en supporter les maux. C'est ce que vous pouvez faire de mieux. Si chacun ne penſoit qu'à ſa miſere, vous ſçavez qu'il s'enſuivroit de fâcheuſes conſéquences.

Lorſqu'on propoſoit au Maréchal de Gaſſion de ſe marier, il répondoit qu'il n'eſtimoit pas aſſez la vie pour en faire part à quelqu'un. J'aime cette Philoſophie dans un guerrier : elle eſt déplacée dans tout autre homme.

X X X.

Si un homme conſerve dans ſon jardin un animal féroce, & qu'il oublie un

jour de lui donner fa nour-
riture ordinaire , tout eft
perdu. Le monftre affamé
ne fe contentera pas de
pouffer des hurlemens af-
freux , ou de pourvoir à
fa fubfiftance en fautant aux
fruits de quelques arbres.
Il étendra par-tout fa griffe
meurtriere : il parviendra
jufqu'aux plus profondes
racines que fa dent avide
extirpera au même inftant ;
& fa rage ira détruire jufqu'à la plante la plus précieufe. A un lieu délicieux ,
embelli des plus charman-
tes productions de la Na-
ture , fuccedera une terre

informe, aride & fauvage.
Voilà le fuicide.

X X X I.

Entre autres folies que je remarque chez les hommes, je n'en vois gueres de plus ridicule, ni de plus mifé-rable que celle de croire aux horofcopes, aux influences des aftres, & à toutes les fottifes par lefquelles on prétend dévoiler l'ave-nir. Il me paroît que quiconque donne dans un préjugé auffi pitoyable, eft parvenu au plus haut pério-de d'imbécillité. Cependant qui le croiroit ? Aujourd'hui

même , que tant de génies
célebres ont démontré le ridicule de l'Aſtrologie Judi-
ciaire & la fourberie des Aſ-
ſtrologues , je vois encore
des gens d'eſprit, des dames
qui ont une teinture de
Philoſophie , ſe bercer de
pareilles chimeres. Je le
pardonne à ces ſiécles bar-
bares , qui manquant tout
à la fois de ſçiences & de
ſçavans , demeurerent plongés dans la ſombre nuit des
ſuperſtitions : Mais je ne
puis ſouffrir qu'au milieu
d'un ſiécle éclairé des lu-
mieres de la plus ſaine Philoſophie , il ſe trouve des

hommes aſſez ſimples pour adopter ces vieilles erreurs, que les perſonnes raiſonnanables doivent regarder comme la honte de l'eſprit humain. N'eſt-il pas évident que nous ignorons notre deſtinée, & que nul mortel ici bas ne peut nous en inſtruire ? Il ne nous eſt donné de découvrir autre choſe, que ce qui ſe paſſe actuellement ſous nos yeux. L'avenir eſt un point bien éloigné, & notre vue eſt trop courte pour y atteindre. Un Richelieu, un Mazarin ont pû prévoir & ont prévu certains évenemens. Mais

comment les ont-ils prévus?
La magie de ces grands
hommes étoit toute dans
leurs têtes. C'étoit par les
combinaisons que faisoient
ces vastes génies, de tout
ce qui se passoit, avec ce
qui pouvoit se passer, qu'ils
parvenoient à jetter sur les
choses futures un regard
fixe & certain. Ils donnoient
eux mêmes naissance à un
évenement, qu'ils n'igno-
roient pas devoir être suivi
d'un autre; & par la con-
nexité essentielle que leur
industrie sçavoit mettre entre deux objets séparés, ils
enchaînoient l'avenir & s'en

rendoient les maîtres : de
forte que les évenemens
qu'ils avoient prévus, n'é-
toient, si j'ose ainsi parler,
qu'autant de corollaires qui
couloient naturellement de
leurs principes. Voilà la
feule maniere dont les hommes peuvent lire dans l'a-
venir. Et combien d'hom-
mes possedent cette ressour-
ce? Un (peut être) sur dix
millions.

Mais s'il arrive à quelques
gens les mêmes évenemens
que ceux qui leur ont été
prédits, je soutiens hardiment que c'est un pur effet
du hazard, ou les fruits

d'une imagination échauf-
fée. D'un côté à force de
verbiage, vos faiseurs d'ho-
roscopes rencontrent quelques fois le vrai : d'autre ,
on voit des gens qui ayant
l'esprit frappé , donnent
lieu eux mêmes aux pré-
dictions par leurs sottises ;
& il s'en est trouvé à qui on
avoit prédit qu'ils seroient
pendus , le croire bonne-
ment , se mettre dans la
tête qu'ils ne pouvoient
éviter cette belle destinée,
& aller aussi-tôt travailler à
la mériter.

Mais je veux que la
science de l'avenir ne soit

point une chimere : je veux qu'on puiſſe ajouter foi aux propheties. Quel avantage en reſultera-t-il ? Si nous devons être heureux, nous ne gouterons plus les charmes de notre bonheur, parce que nous l'aurons appris trop tôt. Les biens ineſperés ſont ceux qui nous flattent le plus. Si nous devons être malheureux, quels regrets n'aurons - nous pas d'avoir anticipé ſur des adverſités, dont nous n'aurions ſenti les atteintes que dans le tems ? Mais le vulgaire eſt le même dans tous les âges, Il n'aura garde de se rendre à de bonnes raisons. Eh ! quelle est donc ton extravagance, Vulgaire imbecille ? Pourquoi veux-tu percer dans ces ténebres impénétrables ? Hélas ! tu ne connois pas le bonheur que tu as d'avoir l'ignorance en partage. Sans elle, ta vie ne seroit qu'un tourment perpétuel. Si je ne mérite point ton attention , ne te refuse pas du moins aux leçons d'un des plus sublimes génies qui ayent paru de nos jours. (a) » Le ciel cache à toutes

(a) Pope. Essai sur l'homme. Epitre I. Version de M. de Silhouette.

» les créatures le livre du
» destin , excepté la page
» néceffaire , celle de leur
» état préfent. Il cache aux
» bêtes ce que l'homme
» connoît , aux hommes ,
» ce que connoiffent les
» efprits. Autrement , qui
» pourroit ici bas fupporter
» fon exiftence ? Ta volup-
» té comdamne aujourd'hui
» l'agneau à la mort : s'il
» avoit ta raifon , bondiroit-
» il , & fe joueroit-il fur
» la plaine? Content jufqu'au
» dernier moment, il broute
» le pâturage fleuri , & le-
» che la main qui s'eleve
» pour l'égorger. O igno-

» rance de l'avenir , qui
» nous eſt charitablement
» donnée, afin que chacun
» puiſſe remplir le cercle
» que lui a marqué le ciel,
» qui voit d'un œil égal ,
» étant le Dieu de tous ,
» un Héros périr , & un
» Paſſereau tomber ; les a-
» tômes ſe confondre , ou
» les cieux ſe bouleverſer ;
» une bulle d'eau , ou un
» monde s'éclater ! Homme,
» ſois donc humble dans
» tes eſperances,& ne prends
» l'eſſor qu'avec crainte. At-
» tends ce grand maître ,
» la mort ; & adore Dieu,
» Il ne te fait point con-

noître

» noître quel sera ton bon-
» heur à venir ; mais il te
» donne l'esperance, pour
» être ton bonheur présent.
» Une esperance éternelle
» fleurit dans le cœur de
» l'homme. Il n'est jamais
» heureux, il doit l'être.
» L'ame inquiette & ren-
» fermée en elle même, se
» repose & se promene dans
» la vie avenir,

XXXII.

Le siécle des femmes
sçavantes est passé, dit-on ;
Moliere a si bien saisi ce
ridicule, qu'on ne voit plus

de dames faire profeſſion de
pédantiſme. Je vous dis, moi,
qu'à ce ridicule a ſuccedé
une Epidémie non moins
ſinguliere, & qui a gagné
toutes celles qui veulent
paroître ſçavantes, ſans ſe
donner les peines néceſſaires
pour l'être. On ne cherche
plus, je l'avoue, a devenir
ſçavant : on veut ſeulement
parler comme ſi on l'étoit.
J'ai vû quelquefois des dames (qu'on ne prenne pas
ceci pour une Satire) faire
de petites diſſertations ſur
des morceaux de Bayle,
qu'elles n'entendoient pas;
& ouvrir leur avis ſur un

petit chapitre de l'Esprit
des Loix où elles ne con-
noiſſoient rien. Je ſouriois,
& je diſois en moi-même;
c'eſt quelque choſe de furieux , que cet excès d'a-
mour-propre ; & voilà qui
ne reſſemble pas mal à ce
Déciſionnaire , qui n'étant
jamais ſorti de Paris, vouloit
connoître les rues d'Iſpahan
mieux que le Perſan Ri-
ca.(*a*)Que faut-il donc à une
femme ? Beaucoup de ſça-
voir, pour être très-ridicule :
un peu d'eſprit , pour être
très-aimable.

____

(*a*) Lettres Perſannes. Tom. I. Lett. LXX.

E ij

XXXIII.

Beau sexe, ne vous effarouchez point de mes sentimens. En tâchant de mériter votre estime, que je ne m'attire point votre disgrace. Je ne cherche point à vous avilir, mais à vous rendre plus puissant. Votre fort n'est pas d'avoir la tête tristement appésantie par une érudition qui vous féroit inutile, & ennuyeuse à ceux qui vivent sous vos loix. C'est par les saillies de votre esprit délicat, par les charmes de vos aimables talens , par cette douceur de caractere , ces graces , & cette beauté qui vous font fi naturelles , que vous devez regner fur nous , & nous rendre heureux. Il ne vous faut que ces brillantes qualités pour être le fouverain de la terre. Tout le refte ne feroit que les obfcurcir ou les éteindre. Vous ne devez donc pas vous révolter contre un de vos fujets, qui en bornant vos connoiffances, ne cherche qu'à vous faire regner univerfellement.Quediriez-vous d'un Monarque qui trouveroit mauvais que fon

miniſtre voulût étendre ſes
états, & rendre ſon joug
attrayant à tous ſes ſujets?

XXXIV.

Si j'étois femme, & qu'un
amant mécontent m'écrivît;
*ma deſtinée eſt finie ; je
croyois être aimé , je ne le
ſuis point , je meurs.* Je lui
répondrois; *ce ſont vos affaires , ſi vous tenez parole : mais je vous avertis
qu il n'en ſera rien.*

X X X V.

Une jeune dame me
difoit un jour : » Vous qui
» vous piquez d'une cer-
» taine impartialité, dites-
» moi un peu votre fenti-
» ment fur la conduite que
» tiennent aujourd'hui les
» deux fexes, l'un avec l'au-
» tre. Etes-vous affez préve-
» nu en faveur du vôtre,
» pour penfer qu'il n'a ja-
» mais torc ? ou nous faites
» vous l'honneur de croire
» que nous fommes dans
» notre bon droit ? Madame,
répondis-je ; cette queftion

eſt délicate par elle-même, & l'eſt encore plus par la poſition où je me trouve; mais puiſque vous exigez de moi que je diſe naïvement ma penſée, il eſt facile de vous ſatisfaire. » Voyons, répliqua-t-elle, » je ſuis curieuſe de ſçavoir » comme vous vous tirerez » de là. Ne vous attendez pas, lui dis-je, à de grands raiſonnemens. Je ſerois fâché de vous ennuyer. Je ne dirai qu'un mot.

De quelque côté que je jette la vue, je vois que les deux ſexes n'ont pas plus de juſtice l'un que l'autre. Car fi un fexe a tort de tromper l'autre, il eft évident que celui-ci a raifon d'ufer de repréfailles. Les hommes trompent les femmes : les femmes rendent le change aux hommes. C'eft une affaire de convenance. En général, il eft auffi ridicule à un homme de croire une femme fidelle, que de l'être lui-même. En général, il eft auffi commun de trouver une femme volage, qu'un homme perfide. Voilà cet aimable ton de légereté fur lequel nous fommes montés aujourd'hui. Confiderez ces chofes d'un œil tranquille , jugez fans paffion , je fuis fûr que vous ferez de mon fentiment. Il femble qu'on fe foit dit mutuellement ; » dupons - nous les uns les » autres , & en multipliant » les fourberies , les trahi- » fons , les parjures , nous » multiplierons nos plaifirs.» Que cela eft admirable ! La belle façon de fe procurer des amufemens ! En vérité , madame, fi des principes auffi faux devenoient univerfels , & fi la vertu étoit toujours hors de mode , je n'ofe dire

comment tout cela se ter-
mineroit. Cette décision ne
plut pas à Madame.

X X X V I.

Je réfléchis quelquefois
sur la bisarrerie des femmes,
qui, feignant d'accorder par
amour, des faveurs, qu'elles n'accordent que par
tempéramment ou par ca-
price, prétendent fixer en
dépit de lui-même celui
qu'elles ont couronné : &
sur la méchanceté des
hommes qui, après avoir
joué le sentiment jusqu'à
l'extinction des desirs, dé-

chirent impitoyablement la réputation de celle qui les a satisfaits. C'eſt en effet un ſpectacle aſſez ſingulier pour un tiers, que de voir d'un côté, cette femme qui, par le rafinement d'une coquetterie bien étudiée, s'imagine pouvoir retenir un volage vainqueur ; & de l'autre, cet homme, qui, excedé des agaceries, court ſe dédommager de l'ennui que lui cauſe la *prétention*, en criant par-tout ; *la cour de Madame telle eſt déſerte ; cette conquête eſt au premier occupant.* Si un homme ſage

ne confideroit que ces fçe-
nes fcandaleufes, & ne ju-
geoit que par là des dou-
ceurs de la focieté, en
faut-il davantage pour apprendre à la méprifer & à
la fuir ?

XXXVII.

Julie aimoit *Pliftene*. Celui-ci, bien fait & de bonne
mine, étoit un de ces
hommes avantageux, qui,
fans avoir autrement d'efprit, ont prefque le talent
de faire croire aux femmes
qu'ils en ont. Il avoit un
talent beaucoup plus dan-

gereux encore, il ſçavoit
feindre & perſuader. C'eſt
une terrible adreſſe. Quand
Julie le regardoit avec cette
douce langueur qui va ſi
bien s'imprimer dans les
ames délicates, le traître
imitoit auſſitôt cette vive
expreſſion. Tout le feu qui
regnoit dans le cœur de
Julie ſembloit ſe reproduire
dans les yeux de *Pliſlene*.
Il paroiſſoit tendre, il n'é-
toit que laſcif. Il lui diſoit
mille fois, *je vous aime*,
quoiqu'il n'en fût rien ; &
le diſoit d'un air ſi péné-
tré, & avec des graces ſi
touchantes, que la trop

tendre *Julie*, hors d'état de voir que ces belles paroles étoient autant de prestiges séduisans qu'on employoit pour la perdre, s'abandonna toute entiere à la plus violente des passions. Le fourbe *Pliftene* accoutumé à ces infâmes victoires, n'épargna ni artifices, ni parjures, pour exécuter fes horribles desseins. Il vit cette crédule amante dans un instant de foiblesse ; & fuivant la maxime barbare des hommes tels que lui, il ne laissa pas échapper une si belle occasion de fe fignaler dans le crime. Il

eut en fa poffeffion des tréfors qui n'auroient pas dû
être le partage d'un perfide ; il profana des chofes
qu'un autre que lui auroit
regardées comme facrées,
& il jouit des précieufes
faveurs que la malheureufe
Julie avoit peut-être vingt
fois refufées à l'amant le
plus fidele.

Je prie qu'on faffe at-
tention à une chofe, c'eft
que *Pliftene* n'étoit point un
petit-maître. Une femme
dupée par un fat ne trouve
perfonne qui la plaigne,
parce qu'on dit qu'elle a
bien voulu l'être : & l'on n'en

déplaife à ces Meffieurs ,
ils font beaucoup moins
dangereux auprès d'une
femme raifonnable , que les
gens du caractere & de
l'allure de *Pliftene*. C'étoit
un fourbe , qui vouloit paroître fincere , un volage ,
qui montroit de la fenfibilité , en un mot un hom-
me double , qui avoit un
côté aimable , & qu'on ne
pouvoit envifager que de
ce côté , malgré qu'on en
eût. S'agiffoit-il de féduire ?
Il falloit l i voir dreffer
fes batteries. Préférences
marquées , foumiffion a-
veugle , complaifances af-

fidues , petits foins , dif-
cours flatteurs , mouvemens
paſſionnés , regards ten-
dres , promeſſes , fermens,
plaintes , careſſes , foupirs,
larmes même : voilà les
puiſſants reſſorts qu'il met-
toit en uſage ; & ce fut à
la vue de pareilles armes
que *Julie* lui rendit les
ſiennes. Content de ſa vic-
toire , & raſſaſié bientôt
des charmes de ſa captive,
Pliſtene chercha à s'éloigner,
& prétexta un voyage. *Julie*
croyoit trouver en elle-
même , dans ſes pleurs &
dans ſa tendreſſe , aſſez de
reſſources pour l'arrêter.

Elle se trompoit. Il partit, & la laissa au milieu de la mer immense de regrets où il l'avoit entrainée. Dès cet instant funeste, *Julie* sentit qu'elle ne pouvoit survivre à ses peines. Une langueur mortelle s'empara de tous ses sens, & ravagea les roses de son tein. Dans ce désastre, un foible rayon d'esperance fut tout ce qui lui resta, & ce qui l'empêcha de succomber. Chaque jour étoit un nouveau sujet de larmes, causées plutôt par l'absence d'un ingrat qu'elle aimoit encore, que par le repentir de la faute qu'elle avoit commife. Bientôt le cruel *Pliftene*, s'imaginant que *Julie* l'ayant oublié, il feroit à l'abri de fes perfécutions -penfa qu'il ne rifqueroit rien de reparoître. Il arrive. La premiere chofe qu'il apprend, c'eft que *Julie* languiffante ne quitte plus le lit, depuis fon départ ; & le monftre ofe fourire à cette nouvelle. Une perfonne fenfible aux peines de l'amante infortunée, court l'avertir de l'arrivée de *Pliftene*. Revenez fur vos pas, confolatrice indifcrette ; vous avancez la mort de celle à qui vous voulez conserver la vie. Le fruit de vos démarches sera pour elle un chagrin de plus. Revenez, *Plistene* est décidé à ne point la voir. Cependant la joye renaît dans le cœur de *Julie*. Elle croit toucher au moment heureux où elle verra ce qu'elle a de plus cher. Vaine illusion ! Elle écrit à l'inflexible le billet le plus tendre : il n'y répond point ; elle lui fait dire qu'elle le conjure de paroître un instant à ses yeux ; qu'il n'est que ce seul moyen de lui rendre la vie ;

qu'elle ne lui demande plus d'être aimée , mais de le voir ; que quelque crime qu'il ait commis envers elle , elle est prête à pardonner à un si cher coupable ; sacrifice infructueux ! Rien ne le touche. Ses amis lui reprochent son insensibilité , lui conseillent d'aller se jetter aux pieds d'une fille dont il est adoré ; il ne les écoute pas davantage. Enfin la triste *Julie* n'esperant plus rien gagner par elle-même , a recours aux derniers moyens. Elle appelle ses parens autour de son lit, leur déclare l'auteur de ſes maux, & les prie de tenter à le fléchir. Que ne peut la nature ! Un pere, une mere, des ſœurs viennent embraſ-ſer les genoux de *Pliſtene;* lui demandent comme une grace qu'il vienne rendre la vie à une fille malheu-reuſe qui l'a trop aimé ; & le cruel craignant de ſe laiſſer attendrir , prend la fuite , ſans vouloir les en-tendre. Exemple effrayant ! Affreuſe deſtinée ! Quel-ques jours après, *Julie* fut trouvée morte un matin dans ſon lit.

Je ne déduirai point de

morale. J'ai été témoin de cet évenement, je l'ai rapporté : qu'on réfléchisse.

XXXVIII.

Si les dames vouloient se donner la peine d'apprécier les menus propos de ces gens redoutables qui leur font la cour, elles cesseroient bientôt d'être dupes. Faisons paroître sur la sçene un petit-maître des plus élegans. Que répondroit la femme la plus décidée à ce fat du premier ordre, qui lui diroit : » Je suis très » persuadé, Madame, que vous

» vous me regardez comme
» un des aimables qu'il y ait
» au monde. Je me suis ap-
» perçu d'abord que vous
» aviez un *furieux* defir de
» me poffeder. Ne penfez
» pas , pour cela , que je
» veuille vous dire que vous
» êtes *dans votre tort.* Non ,
» je conviens qu'il n'eft gue-
» res poffible de me voir ,
» fans me rendre les armes.
» Je vous ai lorgnée trois ou
» quatre fois avec toute
» l'impertinence dont j'étois
» capable. Il m'a femblé que
» *vous n'étiez pas mal* , &
» qu'on pourroit faire quel-
» que chofe pour vous , fans

» avoir à rougir. En consé-
» quence, je me suis déter-
» miné *à vous en conter juf-*
» *qu'à un certain point.* Vous
» fentez bien qu'un joli-
» homme comme moi doit
» toujours (pour fon hon-
» neur) traiter l'amour *lége-*
» *rement.* Il feroit d'un *ridi-*
» *cule affreux* que vous exi-
» geaffiez davantage. Je n'ai
» point envie de m'ennuyer
» *de propos déliberé.* Horten-
» fe, Laïs, Lucine, & un
» *monde* d'autres femmes
» *beaucoup mieux* que vous,
» ont eû une part dans mes
» faveurs. Toutes fe font
» rendu juftice. Auffi n'ai-je

» point manqué de recon-
» noiſſance : leurs noms ont
» été écrits ſur mes tablet-
» tes , avec des anecdotes
» que j'ai rendues publiques.
» Comptez , Madame , que
» j'aurai auſſi grand ſoin de
» votre réputation , que de
» la leur. Quelle gloire pour
» vous de vous voir à côté
» de ces femmes *illuſtres* dans
» le catalogue du Conqué-
» rant de tous les cœurs !
» Ah, que j'entens bien l'art
» de ſéduire !

Vous ſéduiroit-il, Meſ-
dames , l'homme qui ſeroit
aſſez impudent pour vous
parler avec cette naïveté ſin-

guliere ? Je n'en crois rien.
Cependant soyez assurées
que si on ne vous parle pas
tout-à-fait sur ce ton, c'est
pour penser encore pis. En
doutez-vous ? Faites attention à la conduite de vos
Adorateurs.

XXXIX.

Je ne suis point étonné
de voir une femme se dé-
dommager de la mauvaise
humeur de son mari, dans
les bras d'un Amant, & un
mari se consoler de l'indiffé-
rence de sa femme, avec
une Maîtresse. Ceux que de

pareils défordres furpren-
nent, ne font pas aſſez d'attention à la maniere dont on
fabrique aujourd'hui les ma-
riages. Pour moi, j'obſerve
que très ſouvent un mois ſuffit pour que deux perſonnes
ſe voyent, ſe faſſent des pro-
poſitions, paſſent un Con-
trat, ſe marient, couchent
enſemble & ſe déteſtent.
Cenſurez la vie des Epoux,
à la bonne heure ; mais
voyez comme ils ſe font
pris. Que dit-on à un homme qui veut s'engager dans
des liens auſſi ſacrés que
ceux de l'hymen ? Quels
ſont les conſeils qu'on lui

donne ? Ecoutons. » Vous
» feriez bien , Monsieur ,
» de vous donner à connoî-
» tre aux parens de Made-
» moiselle *telle*. Ce sont des
» Gens de la plus exacte
» probité , & leur fille est
» aimable & vertueuse. Vous
» ne pouvez mieux faire, si
» vous desirez d'être heu-
» reux ». Ce n'est point cela ;
mais nous y voici. » Vous
» devriez, Monsieur, penser
» à Mademoiselle *telle*. C'est
» une fille unique , & vous
» n'aurez point l'embarras
» d'un partage. C'est un par-
» ti excellent. Il y a cinquan-
» te mille écus de rente dans

» cette maison-là. Eh ! sans
» doute , dira-t-on ; il est
» bien ici question de vertu
» & de probité ! Vous êtes
» encore un plaisant homme
» avec votre morale ! C'est
» bien à vous qu'il appar-
» tient de trancher du Ré-
» formateur ! Votre vertu ,
» votre probité que vous
» nous prônez tant , sont el-
» les capables de vous faire
» vivre ? Je vous avouerai
ma sottise , répondrai-je ;
oui , je suis assez imbécille
pour croire qu'on ne doit
point s'unir sans se connoître , & sans s'aimer récipro-
quement ; & pour trouver

fort ſingulier qu'on faſſe em-
plette d'une femme, com-
me d'un habit. Voilà un bon
ridicule que je viens de me
donner. Outre la qualité
d'eſprit déſapprobateur dont
on va me décorer, je dois
me préparer aux ſanglantes
plaiſanteries des Cauſtiques
de l'un & de l'autre ſexe.
Que faire en cette extrêmi-
té ? Parlerai-je encore ? Me
tairai-je ? Non, je ne me
tairai point, Loi ſacrée de
la Nature, duſſent mes foibles remontrances ne point
être écoutées ; duſſé-je, ſur
tant d'hommes pervers, ne
pas faire un Proſelyte, je me

croirois auffi criminel qu'-
eux mêmes, fi je ne prenois
pas votre deffenfe. Quoi !
dans une union auffi refpectable ; quand il eft queftion
du bonheur ou du malheur
de mes jours ; quand il eft
queftion de donner à la
Société des enfans que je
dois cherir, & éduquer, on
veut que je ne fuive pour
guide qu'un vil & méprifa-
ble intérêt ! On veut que je
promette d'aimer, tandis
qu'on me difpenfe de tenir
ma parole ! On veut que ma
bouche prononce un *oui* fu-
nefte, fans s'embarraffer fi
mon cœur eft d'accord avec

elle ! On veut enfin qu'aux pieds des Autels , en préfence de tout ce que nous avons de plus refpectable dans l'Univers , j'aille faire des fermens que je fuis incertain , ou incapable d'accomplir ! Quelle affreufe profonation ! Quel trifte aveuglement ! Que de crimes découlent de tous ces principes ! Haînes , parjures , maltraitemens , adulteres , rapts , homicides. . . . tant d'horreurs me font frémir, & je détourne les yeux de ce terrible fpectacle.

X L.

Pourquoi dit-on communément qu'on ne peut aimer qu'une fois ? Je crois que je pourrois rendre raison de ceci. Une premiere passion, me direz-vous, remue l'ame avec tant de véhémence, y fait des impressions si tendres & si vives, l'accable sous le poids de tant de sensations assez fortes pour l'extenuer, que les facultés de cette même ame, bien-tôt énervées, usées, si on ose le dire, par ce violent exercice, se trouvent hors d'état d'agir une seconde fois. Voilà tout ce que vous pouvez m'objecter ; & moi, je veux vous prouver que vous êtes dans l'erreur. Parce qu'un jeune cœur se sera malheureuseme autrompé dans son choix, vous pensez qu'il ne lui sera plus permis d'en faire un bon ? Parce que j'aurai aimé un objet indigne de moi, je serai privé pour toute ma vie des délices d'un amour vertueux & raisonnable ? Cela ne me paroît gueres conforme au vœu de la Nature. Je m'explique. Tout homme est porté à la recherche de ce qui peut le rendre heureux. Or l'Etre Suprême ne nous a point créés pour être les victimes déplorables de la malice du fort. Il a laiſſé à chacun de nous la liberté du choix entre les objets qui peuvent concourir à notre félicité : il eſt donc poſſible d'être heureux dès qu'on ſaiſit le véritable objet, & qu'on peut s'y borner. Sans cette derniere précaution, nous ne paſſons qu'une vie remplie de regrets amers, ou de deſirs inutiles. Mais voici le grand point, c'eſt qu'il faut choiſir néceſſairement ; & dans cette délicate conjoncture, il eſt auſſi facile que dangereux de ſe tromper. L'examen ne ſçauroit être trop ſcrupuleux, trop ré-flechi. Que de ſoins en effet ne devons nous pas prendre pour ne point nous laiſſer dupper par les preſtiges des ſens ? Cela doit-il donc nous faire croire que ſe tromper, eſt un mal irremédiable ? Oſerez-vous aſſurer qu'un homme aſſez heureux pour reconnoître qu'il a donné à gauche, ſoit dans l'impuiſ-ſance de reprendre le bon côté ? Il faudroit avoir de l'éternelle équité une notion bien fauſſe, & ce ſeroit là le cas de dire que nous sommes les misérables jouets d'une aveugle fatalité.

Philinte, trop jeune encore pour distinguer le vrai du faux, se laissa éblouir par les charmes trompeurs *d'Hermione*. Il cherchoit un cœur tendre, il ne trouva qu'un cœur volage. *Hermione* le trompa long-temps, parce qu'elle mit en œuvre une coquetterie sans éclat, voilée d'une tendresse apparente. Assiduités, caresses, présens, cadeaux, elle recevoit tout avec le même air d'ingénuité. *Philinte* enchanté de sa prétendue conquête, alloit conclure un hymen qui auroit empoifonné fes jours, quand le plus gene- reux de fes amis, qui fouf- froit de le voir engagé dans des chaînes auffi indignes, réfolut de lui défiller les yeux. Il lui remit entre les mains une lettre qu'*Her- mione* avoit écrite à un Ri- val aimé. Celui-ci par vanité, ou par fottife avoit fait part de cette lettre au confident de *Philinte*, qui avoit eu foin de la lui furprendre a- droitement. Voilà deux per- fonnes bien affligées : un Amant qui reconnoît fa Maî- treffe coupable de la plus noire ingratitude ; & une Coquette qui voit en un inſtant ſes ſourdes intrigues dévoilées. Lequel étoit le plus à plaindre ? Je n'en ſçais rien. Car ſi *Philinte* étoit malheureux de ſe voir réduit à déteſter une femme qu'il adoroit, *Hermione* ne l'é-toit pas moins de ſe voir privée du plus cher de tous ſes plaiſirs, je veux dire du plaiſir de tromper. Quoiqu'il en ſoit, *Philinte* fut long-temps inconſolable , mais enfin il prit ſon parti. Quelques cuiſans que ſoient les chagrins de la jeuneſſe, nous les voyons rarement être de

longue durée. La vivacité
ordinaire de cet âge cause
dans l'efprit tant de diftrac-
tions diverfes , & fouvent
oppofées les unes aux autres
que le moindre objet nous
fait quelquefois faire malgré
nous diverfion à la douleur.
Voici comment *Philinte* rai-
fonna.

» Depuis long-temps je
» me repais d'idées chiméri-
» ques. Envain mon cœur
» voudroit les autorifer, ma
» raifon va trouver le moyen
» de les anéantir. Nous fom-
» mes, il eft vrai, dans un
» fiécle bifarre, où l'on ne
» fe donne gueres la peine de

» diftinguer le bon du mau-
» vais. Je fens bien que mon
» efprit aura de la peine à fe
» plier à la frivolité qu'on
» recherche fi fort aujour-
» d'hui ; mais je fçaurai l'y
» reduire. Il n'y a point de
» mal auquel on ne s'accou-
» tume avec le temps, celui-
» ci en eft un néceffaire. Sui-
» vons donc le torrent, &
» voyons ce qu'il faudra faire
» pour devenir un homme
» à la mode. Je ne penfe pas
» que ce foit un talent bien
» difficile à acquérir, puif-
» qu'on voit un nombre in-
» nombrable de gens en qui
» la fatuité eft fi naturelle ,

» qu'il semble qu'ils l'ayent
» reçue par *infusion*. Le
» grand art est de parler tou-
» jours & de ne penser ja-
» mais, d'aimer tout, & de
» ne s'attacher à rien. Cepen-
» dant, en devenant leger,
» je ne veux point devenir
» indiscret & perfide. Ce se-
» roit trop m'écarter de mes
» propres sentimens. Je ré-
» formerai ma façon d'agir,
» sans réformer ma façon de
» penser. Mon esprit paroî-
» tra toujours superficiel, &
» mon cœur sera toujours
» inconstant. Avec cet arran-
» gement, je trouverai peut-
» être à me désennuyer. Sans

» cela, n'esperons ni plaisirs,
» ni progrès dans le com-
» merce du monde. Le véri-
» table amour est une chi-
» mere à laquelle il est dan-
» gereux de s'arrêter sérieu-
» sement. Je viens de l'é-
» prouver. Il ne faut donc
» rien esperer de ce côté-là.
» Si le vrai bonheur consiste
» en effet dans un amour
» fondé sur les qualités du
« cœur & de l'esprit, cette
» union fortunée est trop ra-
» re. Ne courons plus après
» un bien imaginaire, &
» songeons à profiter du réel.
» Si l'inconstance produit
» moins de plaisirs, au moins

» eſt-il certain qu'elle ne pro-
» duit point de peines.

Philinte ayant ainſi pro-
jetté, dans ſa tête, ce nouveau régime, ſuivit le torrent des plaiſirs. Son deſſein,
comme on le voit, étoit de
devenir un Petit-maître mo-
deré. Il étoit tendre par inclination, il devint coquet,
par raiſonnement. Vous qui
prétendez connoître le cœur
humain, prétendez - vous
auſſi que Philinte tint parole ? Philinte juſqu'alors n'a-
voit point connu de femme
eſtimable. Il vit un jour dans
une maiſon ce que ſon cœur
cherchoit depuis long-tems,

une ame tendre & conftan-
te; un enfemble heureux de
ces vertus attrayantes qui
fçavent le chemin de tous
les cœurs, & font les délices de la Société. Repréfen-
tez-vous, fi vous le pouvez
la nobleffe des fentimens,
l'égalité d'humeur, la générofité, la modeftie, la douceur, la fincerité, réunies,
& avec tout cela, une figure plus gracieufe que réguliere, plus intéreffante que
belle, mais toujours affez
belle, puifqu'elle eft l'image vivante de mille vertus
précieufes; telle eft l'aimable *Efther.* Elle fit oublier

à *Philinte* ses projets d'inconstance si bien raisonnés. Il avoit fait serment de ne jamais aimer, & il se parjura pour *Esther*. Heureuse inconséquence, qui mit deux mortels vertueux dans la nécessité de trouver les plaisirs les plus vifs au sein de la sagesse.

X L I.

Je ne veux pas qu'un mari soit le tyran de sa femme. Je ne veux pas non plus qu'il soit son esclave. Puisqu'entre époux, les égards doivent être réciproques, les plaisirs devroient être aussi

auſſi également partagés. Un
Sénateur reſpectable, un Ju-
riſconſulte du premier ordre, par les ſervices qu'il
rend à la ſocieté, mérite
bien qu'elle lui procure des
délaſſemens convenables à
ſon âge & à ſon rang. Ce-
pendant ſuivez le des yeux.
Il va de ſon cabinet au Sénat, & du Sénat à ſon ca-
binet. Je vous demande,
moi, pourquoi ce Magiſtrat
paſſe les jours & les nuits,
à débrouiller les affaires des
particuliers, à prendre garde de ne point ſe laiſſer éga-
rer dans les routes obliques
de la chicane, à pâlir ſur les

Lois , les Coutumes , les Arrêts , les Arrêtiſtes. Pourquoi ? C'eſt afin que ſa fidelle épouſe trouve ſans ceſſe les moyens d'entretenir un équipage leſte & brillant , de paroître aux bals , aux aſſemblées, aux ſpectacles ; aux Cours , dans les ajuſtemens les plus faſtueux; de ramener le ſoir à ſa table, le Comte & le Marquis. Heureux encore le Mari, dont la femme veut bien borner là tous ſes plaiſirs !

XLII.

Je cherche quelque tableau frappant de l'union du plaisir & du devoir. Mettons-nous sous les yeux *Ariste* & *Sophie*. Si mon Lecteur les prend pour des êtres purement idéaux, il n'en est pas moins vrai qu'ils ont pû, ou qu'ils peuvent exister.

Ariste & *Sophie* attachés l'un à l'autre par des liens indissolubles, jouissoient de tous les plaisirs qui font le partage des époux tendres & vertueux. Heureux *Ariste*, tu n'étois point obligé d'a-

dorer des caprices & des fan-
taisies. Tu n'adorois que *Sophie*, parce que tu le voulois,
& que tu y trouvois le bonheur de tes jours. La qualité
d'époux n'avoit point exclu
de ces deux cœurs les tranf-
ports des amans. La Volupté
venoit les trouver jufques
dans les occupations les plus
férieufes. Le cabinet d'*A-
rifte* embelli par la préfence
de *Sophie* perdoit toujours
quelque chofe de fa féche-
reffe ordinaire. Elle y venoit
partager fes travaux, comme
elle partageoit ailleurs fes
plaifirs. Un fils & une fille,
doux fruits de leur tendreffe

mutuelle , croiſſoient ſous leurs yeux. Ils n'étoient occupés dans leurs délaſſemens qu'à les amuſer , ou à les inſtruire. Point de prédilection , point de préférence. Leurs ſoins pour l'un & pour l'autre étoient égaux , comme leur attachement. Ils ne voulurent point reſſembler aux peres & meres de leur ſiécle , qui , quoiqu'en état de former eux-mêmes leurs enfans , vont chercher des ſecours étrangers , pour s'épargner une peine qu'ils devroient regarder comme le plus cher de leurs plaiſirs. Parens aveugles & dénaturés , qui ne penſent pas que ces ames mercenaires, qu'on prend pour l'éducation d'une famille , ſont ſouvent plus capables de lui tracer le chemin du vice , que de lui préſenter la vertu dans un jour riant & gracieux.

Dès qu'*Ariſte* & *Sophie* virent leurs enfans entrer dans cet âge où la raiſon commence à ſe développer, ils renoncèrent à tous les autres plaiſirs, pour ne prendre que celui de leur inſpirer l'amour de la vertu. Mais c'en étoit fait. Le terme que le Ciel avoit mis à la vie la plus délicieuſe , étoit enfin arrivé. Une maladie cruelle vint attaquer *Sophie* encore dans la fleur de ſes ans. Pourrois-je donner une juſte idée de la douleur d'*Ariſte?* Toujours aſſis près du lit de ſon épouſe, à peine prenoit-il des nourritures ſuffiſantes pour le ſoutenir. Chere *Sophie*, diſoit-il tout bas, lorſqu'il lui voyoit un inſtant de ſommeil, je vais te perdre; je le vois bien. C'eſt inutilement qu'on veut me cacher mon ſort, je ne jouirai plus de ta préſence, & la terre va reprendre un bien dont elle a droit de jouir avant moi. Que vais-je devenir?

Cependant quand il lui parloit, il la conjuroit de prendre du repos, & de ne point
se laisser frapper par des ter-
reurs. Helas ! Il trompoit
cette tendre épouse, il cherchoit à se tromper lui-même.
Il la flattoit des plus douces
espérances, tandis qu'il étoit
déchiré par le plus cruel dé-
sespoir. Dès qu'il s'apperce-
voit qu'elle étoit plus mal ,
il détournoit son visage ,
pour lui cacher ses larmes.
Je vois l'instant de notre sé-
paration s'approcher , lui
dit-elle un jour. Quoi ! je ne
vous verrai plus ! Je ne sen-
tirai plus rien pour vous !

Je ne vous aimerai plus ! O Ciel ! eſt-il bien poſſible ? Je ne conçois rien à cela. En vain le malheureux *Ariſte* par ſes diſcours & par ſes careſſes, tâchoit de diſſiper les noires idées de ſon épouſe ; elle voyoit la mort à ſes côtés. Elle demande ſes enfans. *Ariſte* ordonne de les faire venir. Que cet ordre fut triſte pour lui ! Ils arrivent, ces chers objets de leur tendreſſe : & quoiqu'ils ne connoiſſent pas toute l'étendue de leur malheur, le cri de la nature ſe fait entendre. Ils pouſſent des gémiſſemens, qui ſont autant de bleſſures nouvelles pour le cœur de la plus tendre des meres. Elle ne peut ſe laſſer de les tenir dans ſes bras, & eux-mêmes ne veulent plus ſe retirer. Il ſembloit que ces petits malheureux cher-chaſſent dejà à ſentir, & à connoître la véritable ten-dreſſe. L'autorité paternelle ne fut point reſpectée dans ce dernier moment, & il fallut les emporter dehors avec violence. *Ariſte* au chevet de ſa chere épouſe, étoit dans l'état le plus cruel. Il pleuroit, il parloit à *Sophie*, il ſe parloit à lui même, & tous ſes diſcours étoient ſans

ordre & fans fuite. Eſt-ce toi,
cher époux, lui dit-elle enfin,
eſt-ce bien toi que je vois
encore à mes côtés ? Oui,
ajoutoit-elle en le regardant
fixement ; c'eſt le plus tendre & le plus malheureux
des époux. Helas ! Je te parle. Je profite d'un inſtant
que j'ai encore à te voir,
pour te dire que je t'aime.
Tout s'affoiblit en moi ; mon
amour feul reſte dans toute
fa force. Viens ; que mon
dernier foupir foit le dernier
effort de ma tendreſſe. La
fin de ma vie eſt précipitée,
mais elle me femble heu-
reuſe , puifque le Ciel per-

met que je te connoiſſe juſqu'au dernier moment. A-
dieu, conſerve tes jours : ils
ſont précieux aux jeunes
enfans que je te laiſſe. Nous
n'avons été qu'un inſtant
enſemble ; mais cet inſtant
a été plein de charmes. Sou-
viens-toi de ma tendreſſe,
mais ne t'en ſouviens que
pour bénir ma mémoire.
Que cette mémoire te ſoit
chere, ſans t'être nuiſible.
Ce ſont mes derniers ſou-
haits.

Ce furent auſſi ſes dernie-
res paroles. Elle expira quelques momens après, ayant
encore ſes mains dans celles

d’*Ariste*. Le corps de *Sophie* n’eſt déjà plus qu’une maſſe informe , un morceau de terre inanimé. Quel affreux changement ! Mais ce corps eſt toujours l’objet de la tendreſſe du vertueux *Ariste*. Il ne peut ſe laſſer de le tenir ſerré dans ſes bras. On l’arrache malgré lui de la chambre , il parcourt toute ſa maiſon , il va aux lits de ſes enfans qui dormoient d’un profond ſommeil, il les regarde avec pitié, leur innocente beauté le touche , ſes larmes redoublent , il les embraſſe , il mouille leurs joues de ſes pleurs. Pauvres

petits infortunés , dit - il ,
vous dormez tranquille-
ment ; vous ignorez que
vous n'avez plus de mere ,
& que votre trifte pere eft
accablé de défefpoir. Profitez , chers enfans , des délices attachés à votre âge. Les
foucis , les craintes , les allarmes ne font point encore
connus de vous. Heureux
état ! Heureufe ignorance !
Vous n'en jouirez pas tóu-
jours , & le Ciel vous réfer-
ve peut-être des peines auffi
cruelles que les miennes.

Voilà comme le vrai bon-
heur s'enfuit loin d'*Arifte.*
Dès qu'il eut perdu fon é-

poufe, les jours & les nuits,
n'étoient plus pour lui qu'un
mélange affreux de triſteſſe
& d'horreur. Il voyoit *Sophie* ſans ceſſe. Il s'imaginoit
ſouvent l'appercevoir à ſes
côtés, quand il étoit au lit.
Alors bien loin d'être effrayé, il ouvroit ſes rideaux,
il s'aſſeyoit ſur ſon lit, il
tendoit les bras vers un vain
fantôme, dont la vûe n'étoit
produite que par le déſordre
d'une imaginationéchauffée.
Il paſſoit les jours dans la
même agitation. L'image de
ſa chere épouſe le ſuivoit par
tout. S'il étoit dans ſon cabinet, il l'avoit ſans ceſſe

devant les yeux. Il croyoit
même quelquefois entendre
le son de sa voix. Alors il se
sentoit tout ému. Ses mem-
bres étoient tout-à-coup dans
un mouvement involontai-
re. Il regardoit de côté &
d'autre avec une vue égarée,
& ensuite fixoit ses yeux sur
le fauteuil où elle venoit
s'asseoir, lorsqu'elle vouloit
prendre part à ses lectures.
Ils y restoient si long-temps
attachés , & *Ariste* restoit
lui-même si immobile, qu'on
l'eût prit pour un homme
frappé de la foudre , en qui
il n'y a plus le moindre mouvement.

Hermogene fon ami, Philofophe auffi aimable que lui, mais plus ferme, venoit quelquefois pour l'arracher de fa chambre, ou y caufer avec lui : mais malgré l'amitié intime qui le lioit avec *Arifte*, on voyoit fur le vifage de ce dernier un air de mécontentement. Sa douleur lui étoit devenue précieufe. Il n'auroit pas voulu qu'on tentât de la lui ôter, & il ne voyoit jamais entrer *Hermogene* chez lui, fans reffentir une efpece de frémiffement. Celui-ci vit bien que c'étoit une douleur foutenue, qu'on ne pourroit chaffer qu'avec le tems , & beaucoup de peines : mais il ne se rebuta point. Peu-à-peu, il gagna sur son ami d'être plus souvent avec lui , & de s'occuper de l'éducation de ses enfans. Pour la solitude , *Ariste* ne voulut jamais y renoncer. Il fixa sa demeure dans une terre , pour y vivre à l'abri de la multitude qu'il ne pouvoit plus souffrir.

O vous , qui êtes engagés dans les nœuds de l'hymen, & à qui le Ciel a donné une famille à gouverner , apprenez ici les devoirs d'un époux & d'un pere. Profitez des leçons d'*Ariste*. C'est lui même qui va parler, & vous rendre compte de sa conduite.

» Nous vivons ensemble,
» mon généreux ami, mes
» enfans & moi. La vie que
» je mene, toute uniforme
» qu'elle est, me plaît beau-
» coup. J'ai orné ma solitude
» de tout ce qui peut la ren-
» dre commode & agréable,
» & j'y borne tous mes de-
» sirs. Je donne le matin deux
» ou trois heures à la lecture
» de quelque bon livre de
» morale, qui est une des
» parties de la Philosophie
» que j'estime le plus. Je ré-
» serve pour les après-dinées

» la Physique & les Belles-
» Lettres. Quand le temps
» nous le permet, nous nous
» promenons ; & le tems de
» nos promenades est em-
» ployé à raisonner sur ce
» qu'on voit dans la Nature.
» Nous en admirons l'ordre,
» la grandeur, la magnifi-
» cence. Nos vues se portent
» même plus loin. En consi-
» derant avec étonnement
» cette harmonie divine qui
» fait mouvoir les ressorts de
» ce vaste Univers, nous en
» cherchons les principes.
» Cette discussion nous me-
» ne naturellement à la con-
» noissance d'un être suprê-

» me. De cette connoiſſance
» découlent mille vérités
» plus précieuſes les unes
» que les autres, & qu'on ne
» ſçauroit trop tôt inſinuer
» aux enfans. L'étude de tout
» ce qui peut faire le bon-
» heur des miens m'occupe
» ſans ceſſe. Je ne traîne point
» une vie ennuyeuſe, parce
» qu'elle n'eſt point oiſive.
» Je penſe cependant tou-
» jours à mon épouſe, je n'y
» penſe point ſans ſoupirer :
» mais ma mélancolie eſt
» quelque choſe de ſi doux,
» qu'elle ne porte, pour ainſi
» dire à mon cœur que de
» la tendreſſe, & qu'elle me

» paroît néceffaire pour la
» confervation même de ma
» vie. En regrettant l'aima-
» ble *Sophie*, j'en parle avec
» plaifir. J'aime à faire l'élo-
» ge de fon caractere , de
» fon efprit, de fa beauté.
» Quand je paffe quelques
» inftans dans ce petit bois ,
» où je me fuis tant de fois
» égaré avec elle, fur le bord
» de cette riviere , où nous
» nous fommes fi fouvent
» affis pour prendre le frais ,
» je m'y arrête avec une forte
» de fatisfaction. Je vais mê-
» me jufqu'à m'affeoir aux
» endroits où j'ai remarqué
» qu'elle s'affeyoit. Je penfe

» quelquefois n'y avoir été
» que l'espace d'une minute,
» quand j'apperçois tout-à-
» coup mon ami impatient
» & inquiet venir me cher-
» cher. Je le reçois assez sou-
» vent avec froideur, mais
» il sçait que mon cœur n'y
» a point de part; il ne se fâ-
» che point de me voir gar-
» der le silence à son abord.
» Je reconnois ma faute, je
» lui en demande pardon:
» nous faisons ensemble
» quelque tours dans le jar-
» din; je lui montre les cau-
» ses de l'offense que je viens
» de lui faire; il m'écoute
» sans m'interrompre, il sou-

» rit, il a compaſſion de mes
» foibleſſes; & nous ſommes
» toujours ſi contens l'un de
» l'autre, que jamais il ne
» nous eſt échappé la moin-
» dre promptitude, même
» dans nos diſſertations phi-
» loſophiques. Il eſt vrai de
» dire que nous n'avons ni
» le pédantiſme, ni l'empor-
» tement des Sçavans de pro-
» feſſion. C'eſt ainſi que re-
» venu de tous les égaremens
» du monde, pour lequel je
» n'ai jamais eû un gout bien
» vif, je ſçais faire de ma
» ſolitude un lieu de plaiſirs,
» ſi je puis appeller plaiſirs
» les inſtans que je paſſe, depuis

» puis que ma chere épouse
» n'eſt plus. Je ne ſuis pas
» éloigné de la Capitale ;
» mais je n'irois que très ra-
» rement, ſi ce n'étoit pour
» y conduire mes enfans qui
» ont beſoin de la connoître.
» Habitué tout-à-fait à une
» vie ſolitaire, il me ſemble,
» quand j'entre dans Paris,
» être dans un nouveau mon-
» de. Je ſens que je ſuis hors
» de mon élément. Je trem-
» ble, comme ſi j'avois quel-
» que choſe à craindre de
» tous les hommes que je ne
» connois point. Toujours
» enchanté de mon agréable
» hermitage , j'y retourne

H

» enfuite avec plus de fatis-
» faction que jamais. Là,
» j'attends fans crainte, fans
» allarmes, que la mort vien-
» ne me fermer les yeux, &
» me rejoindre aux mânes
» de mon époufe. Je mets
» tous mes foins à donner à
» mes enfans une éducation
» fage, utile & noble. Ma
» fille, fans ceffe fous mes
» yeux, apprend à ne rien
» dire, à ne rien faire, con-
» tre les regles de la décence
» & de la modeftie ; à répri-
» mer les petites vivacités
» trop ordinaires aux per-
» fonnes de fon âge ; à aimer
» la vertu pour la vertu mê-

» me , fans grimace , fans
» affectation. Mon fils profi-
» te de toutes mes lectures.
» Je veux que les matieres
» les plus abstraites foient
» de fon reffort. Je lui dis
» fouvent que la prudence
» & la modération font d'au-
» tant plus louables dans un
» jeune homme , qu'elles
» font plus difficiles à ac-
» quérir ; que le chemin le
» plus certain pour fe faire
» honneur dans le monde ,
» eft de parler peu, & de
» parler jufte, de fe taire ,
» plutôt que de dire contre
» la Vérité ; d'être fincere ,
» fans être indifcret , poli

» fans être aprêté. J'écarte
» avec foin de fes yeux tout
» livre qui pourroit nuire à
» mes principes , & lui inf-
» pirer de l'amour pour le
» vice. Souvent mes leçons
» font communes à l'un & à
» l'autre. Je vois avec plaifir
» ces jeunes arbriffeaux croî-
» tre & fructifier heureufe-
» ment. Je leur accorde vo-
» lontiers tous les amufe-
» mens permis qui font de
» leur âge ; & ces amufe-
» mens , felon moi , doivent
» être l'exercice des talens.
» La danfe , la mufique &
» quelques autres arts de pur
» agrément , font la plus

» grande partie de leurs loi-
» firs. Si par fois je laiſſe é-
» chapper une reprimande ,
» c'eſt toujours ſans fiel, ſans
» colere. La Vertu ne ſe peut
» faire gouter aux enfans que
» par une grande douceur à
» les inſtruire. Autrement on
» les abrutit. Les menaces
» & les coups les endurcif-
» ſent bientôt ; & c'eſt alors
» la crainte des châtimens
» qui les rend bons , & non
» pas un heureux naturel.
» On voit des enfans fuir
» avec précaution la compa-
» gnie d'un pere dur. Les
» miens me chériſſent , me
» recherchent, paroiſſent in-

» quiets, dès qu'ils s'apper-
» çoivent de mon abſence.
» Eh! Comment pourroient-
» ils me haïr ? Ils trouvent
» en moi un pere tendre &
» un ami ſincere. Quand je
» leur parle de leur mere, ils
» m'écoutent avec autant de
» plaiſir que d'attention. Il
» ſemble qu'elle leur ait
» tranſmis tous ſes ſenti-
» mens, les larmes leur vien-
» nent aux yeux, quand je
» prononce ſon nom ; & je
» pleure avec eux, comme
» je pleurerois avec le meil-
» leur de mes amis. Selon
» bien des gens, je devrois
» en rougir ; mais je ſçais

» que regretter les perſonnes
» qui nous ſont cheres & qui
» le méritent, c’eſt le plus
» beau ſentiment de l’huma-
» nité. Quelquefois cepen-
» dant je veux me cacher;
» je mets un mouchoir de-
» vant mon viſage : mais ils
» pénetrent dans ma penſée.
» Ils ſe jettent à mon cou,
» & me demandent quel cri-
» me ils ont commis, pour
» que je ne veuille pas qu’ils
» partagent ma douleur. Ma
» philoſophie diſparoît alors;
» je ſuis homme, je ſuis é-
» poux, je ſuis pere. J’ai des
» foibleſſes comme homme,
» comme époux & comme

H ij

» pere ; & je crois malgré
» tout cela, que je suis bien
» pardonnable. Je les prends,
» je les ferre entre mes ge-
» noux , & je reçois leurs
» caresses. Excepté mon ami,
» qui joint ses avis aux miens,
» ils n'ont point d'autre gou-
» verneur que moi , parce
» qu'ils ne pourroient en
» avoir de plus zélé pour
» leurs intérêts. Comme je
» mêne une vie un peu trop
» solitaire pour eux , j'ai ré-
» solu de voir plus de monde,
» autant pour leur en donner
» l'usage , que pour étendre
» la sphere de leurs connois-
» sances. Car je sçais que

» moins on a de communi-
» cation avec les hommes,
» plus on eſt borné dans la
» ſcience des mœurs & des
» caracteres. Ils ſont deſti-
» nés à vivre dans le monde,
» il faut donc qu'ils en ayent
» une idée juſte, & les ver-
» tus ſociales leur ſont auſſi
» néceſſaires que les autres.
» Ma façon de les inſtruire
» les encourage tellement,
» que je les vois la plûpart
» du tems me prévenir, me
» demander l'eſſentiel de
» leurs devoirs, ou ce qui
» peut leur nuire. Je redou-
» ble alors mes efforts. Des
» récompenſes ſont le fruit

» de leur application, com-
» me des reprimandes le fe-
» roient de leur négligence.
» Par ce moyen, je me vois
» adoré dans ma famille. Je
» n'ai que des loix douces à
» donner ; & ces loix ne font
» regardées que comme des
» invitations, auxquelles on
» fe rend fans la moindre
» peine. Je leur dis, avec cette
» naïveté qui a toujours fait
» mon caractere, que fi j'ai
» eû des malheurs & des dif-
» graces dans ma jeuneffe,
» j'en ai été fouvent moi-
» même l'artifan ; que fi j'ai
» été victime de mes paf-
» fions, c'eft pour n'avoir

» pas eu la force de les mo-
» derer. De-là la néceſſité de
» ſe rendre maître de ſoi-
» même , d'éviter les piéges
» que ces mêmes paſſions
» immoderées nous tendent
» tous les jours , ſur tout au
» milieu des feux d'une ar-
» dente jeuneſſe , où l'on
» n'écoute que l'ivreſſe de
» ſes ſens : ivreſſe d'autant
» plus dangereuſe , qu'elle
» ſe préſente toujours à nous
» ſous des dehors riants &
» flatteurs. On court alors
» après de vains fantômes de
» bonheur, on ſacrifie tout,
» juſqu'à ſa vertu même pour
» pouvoir poſſéder ce qu'on

» désire. Et quand la raison,
» qui ne revient souvent
» qu'après coup, se montre
» pour nous faire apperce-
» voir la grossiereté de ces
» prestiges, il ne nous reste
» plus que la honte de nous
» être laissés séduire. Vérité
» terrible ! Dont on ne re-
» connoît presque jamais l'e-
» xistence, que quand il n'est
» plus tems d'en profiter
» & de la suivre. Je ne
» veux point que mes enfans
» soient exposés à tant de mal-
» heurs. Je les suivrai par tout;
» & bien loin qu'ils redou-
» tent ma présence, ils me
» rechercheront toujours ,

» comme on recherche un
» guide fidele & eclairé.
» Voilà, je crois, en géné-
» ral, les devoirs essentiels
» d'un véritable pere ; de-
» voirs sur lesquels il n'est
» pas permis de se relâcher,
» & dont le moindre abon-
» donnement peut operer
» des crimes. J'ose esperer
» que mes chers enfans ne
» ressentiront jamais aucun
» effet de négligence de ma
» part, & qu'avec la protec-
» tion du Ciel, je remplirai
» des desseins si justes & si
» raisonnables. A present
» que je vais commencer à
» courber sous le poids des

» années , & qu'ils seront
» bientôt privés de moi , je
» dois profiter du peu d'inf-
» tans qui me reſtent à être
» ſur la terre , pour veiller
» au bien de leurs ames.
» C'eſt par toutes ces pré-
» cautions que je pourrai
» goûter encore quelque ſa-
» tisfaction dans cette vie ,
» puiſque je contribuerai à
» leur félicité.

Si tout homme ne peut
pas être auſſi Philoſophe
qu'*Ariſte*, tout homme peut
être auſſi tendre époux , &
auſſi bon pere que lui.

XLIII.

Amitié : je ne connois point de terme qu'on employe si souvent & si mal-à-propos, point de chose plus respectable & moins respectée. Il n'est pas donné à tout le monde de connoître le véritable amour. J'en dis autant de la véritable amitié. Qui connoît l'un, peut connoître l'autre. Car le parfait amant doit être un ami fidelle : & l'ami fidelle a en lui la premiere qualité qu'on demande dans un parfait amant. Cependant peu de gens font de vrais amans , & tout le monde croit pouvoir être ami. Si manger tous les jours à la table d'un homme , s'affocier à tous fes plaifirs , le tromper par des confeils artificieux , le combler de politeffes frivoles , lui ferrer la main avec une chaleur apparente , l'aborder d'un air ouvert , vanter fa générofité , l'éclat de fa maifon , fon bon gout dans tout ce qu'il fait , fa richeffe dans fes ameublemens , chercher à féduire fa femme , l'aider à diffiper fon bien , & s'éclipfer

lorſqu'il ſera ruiné tout-à-
fait, ſont des actes d'amitié;
il faut en convenir, nous
avons un peu trop d'amis.
Que ſi au contraire les ſeu-
les preuves d'un ſincere attachement ſont d'éloigner
du diſcours la baſſe adula-
tion, d'ôſer montrer la
vérité toute nue à ſon ami,
de ne partager ſes loiſirs,que
pour les faire tourner au
profit de la vertu, de lui
donner des avis ſages, plutôt que de fades louanges,
de faire regner la paix ſur
tout ce qui l'environne,
de déſaprouver ſes folles
dépenſes, d'avoir ſa bour-

se ouverte, pour réparer ses étourderies, de le combler de bienfaits, sans jamais le lui faire sentir, de le chérir & respecter davantage, lors même qu'il sera plus malheureux ; je ne puis m'empêcher de gémir sur notre sort, & de dire que nous ne risquons rien de nous bâtir des maisons, plus petites encore que celle de *Socrate*.

XLIV.

Il ne faut pas croire cependant que la vraie amitié soit un vain fantôme

qu'on ne trouve nulle part.
Un Philofophe qui cher-
che de bonne foi la vérité,
fe garde bien de conclure
du particulier au général.
Malgré l'évidente méchan-
ceté d'une grande partie
des hommes, les fuppofer
tous méchants, c'eft l'être
foi-même. Je ferois fâché
qu'on pût m'accufer tout
à la fois d'erreur & d'injuftice. Ainfi, je dis que
je fuis perfuadé, & que
j'ai même éprouvé qu'il
exifte de vrais amis. Nous
en voyons quelquefois des
exemples frappans, dont il
devroit refter de meilleures
traces.

Euristhene accablé par la malice du sort, & forcé d'abondonner une épouse vertueuse qu'il chérissoit plus que lui-même, avoit perdu tout espoir de revivre jamais avec elle. Sa maison épuisée, ses biens envahis, son nom persécuté, tant de maux rassemblés sur sa tête lui avoient fait prendre plus d'une fois l'affreuse résolution de terminer une trop languissante carriere. La triste *Elvire* reléguée au fond d'un Cloître, ne s'occupoit qu'à pleurer la perte de son époux, & se rendoit d'autant plus malheureuſe , que l'abſence & les chagrins ſembloient donner de nouvelle forces à ſa tendreſſe. *Phocion* avoit été l'ami de ces deux infortunés. Ignorant leur retraite, il les avoit preſque oubliés. Mais tôt ou tard les cœurs généreux ſe reſſouviennent qu'ils ont toujours du bien à faire. *Phocion* fit tant de démarches , qu'il découvrit *Euriſthene.* Il agit autrement que les ames communes , c'eſt-à-dire qu'il n'offrit point ſa bourſe à ſon ami malheureux. Perſuadé que ſa préſence l'humilieroit , il ſe re-

fufa la fatisfaction de le voir.
Il s'informa du détail de fes
affaires, avec autant de fe-
cret que d'exactitude, paya
fes créanciers, le reconcilia
avec fes ennemis, lui pré-
para un logement honnête,
& fit revenir fa fidelle époufe. Dès qu'il crut fa género-
fité fatisfaite, il vola chez
Eurifthene. Celui-ci confus
d'une vifite auffi inefpérée,
& honteux de fon état, n'o-
fa d'abord lever les yeux fur
fon ami. Venez, *Eurifthene*,
lui dit *Phocion* ; venez vous
jetter dans les bras d'une
époufe qui n'attend plus que
vous pour être heureufe.

Venez jouir d'un meilleur fort, mais qui n'égale pas encore celui que vous méritez. S'il m'a été impoſſible de vous procurer tous les biens ; au moins, vos maux font finis. Ce n'eſt point de moi que dépend votre bonheur. L'impatiente *Elvire* vous attend. Que faut-il de plus à un cœur comme le vôtre ? A ces mots *Euriſthene* parût comme un homme qui ſort d'un ſonge affreux, qui doute encore, & qui reconnoît enfin avec une ſurpriſe mêlée de joie, que les infortunes qu'il a eſſuyées pendant ſon ſommeil, ne font qu'une vaine illufion de fes fens. L'étonnement, l'admiration, la tendreffe, les fenfations les plus fortes s'emparerent d'*Euriflhene*. Surchargé de reconnoiffance, fon premier mouvement fut de tomber aux genoux de fon bienfaiteur. Que faites vous, lui dit *Phocion ?* C'eft à mon cou, & non pas à mes pieds, que doit fe jetter mon ami.

Généreux *Phocion*, c'étoit à vous que le Ciel avoit réfervé cette gloire. Il n'appartient qu'aux grandes ames de couronner la vertu fi long-temps perfécutée.

XLV.

X L V.

Ixiphile m'a dit cent fois que j'étois fon ami : je l'apperçois au Palais Royal. Mais il eft avec un jeune Seigneur. Il me voit venir de loin, s'efquive & m'évite. Le lendemain *Ixiphile* vient chez moi. Je lui fais entendre qu'il m'a vû à la promenade ; il joue la furprife, & me jure qu'il ne fçait ce que je veux lui dire. » *Ixi-* » *phile*, lui dis-je, je ne fuis » point fâché ; mais, de » grace, ne vous donnez » point la peine de com-

» mettre deux crimes , en
» ajoutant le menfonge à
» l'inconféquence.　Votre
» procédé eft une petiteffe
» dont je ne ferois pas ca-
» pable , mais que je par-
» donne volontiers dans les
» autres.

XLVI.

Tout eft dit , quand on
a vû le crime une fois,
fans en être effrayé. Peu à
peu on s'accoutume à fa dif-
formité , & c'eft un monftre que l'on confidere non-
feulement avec intrépidité,
mais même avec une forte
de plaifir. Voyez fi nos

jeunes gens rougissent de leurs travers. Ils en font gloire, & ils n'ont pas tort; dans l'état où sont les choses, c'est presqu'une folie que d'oser être sage. Les vices prennent un vernis éblouissant qui leur donne un lustre, sans lequel un homme avec beaucoup d'esprit, passe souvent pour un sot. Par exemple, on est convenu qu'il seroit du bon ton d'être méchant. Comment faire ? Il faut l'être : sans cela, point de Société. » Point de Société ! dira » quelque raisonneur ; Eh ! » mais, votre réflexion est

» finguliere. Il me fembloit,
» à moi, au contraire, que
» la méchanceté étoit le
» bouleverfement des So-
» ciétés.

Eh ! Oui, vous avez rai-
fon : mais c'eft précifément
parce que la médifance,
les trahifons, la calomnie,
les farcafmes, font les poi-
fons de l'amitié, que nous
les adoptons ici. Il faut jetter de la varieté dans les
plaifirs, & c'en eft le plus
court moyen. L'aimable
commerce, que celui où
on déchire tous les jours
régulierement une compa-
gnie que l'on quitte, pour

se produire dans une autre,
qu'on déchirera bientôt
comme la premiere ! Que
penseroit un des bons Tro‐
glodites du célebre Mon‐
tesquieu , si tout à coup
il étoit transplanté parmi
nous ? Il auroit bientôt pris
son parti. » Bon Dieu ! s'é‐
» criroit-il , sauvons-nous.
» Voilà des insectes malfai‐
» sans , qu'il vaut mieux
» voir de loin, que de sen‐
» tir.

XLVII.

» En vérité, dira ici quel‐
» que *Cléon* de la trempe de
» celui de la comédie, vous

» prenez là un ton de di-
» gnité qui vise droit à la
» sottise. Ce que vous dites
» est frappé au coin de la
» mauffaderie la plus étran-
» ge. Faut-il pour une mi-
» fere, crier à l'inhumanité?
» Pourquoi prendre l'allar-
» me fur un être qui ne-
» xifte que dans votre bifar-
» re imagination? De bonne
» foi, vous croyez donc aux
» méchans? » Oui, *Cléon*,
j'y crois ; j'en fuis faché,
mais ce n'eft pas ma faute:
vous exiftez ; & n'exiftaf-
fiez vous pas, j'y croirai,
tant qu'il y aura des hommes.

XLVIII.

J'entre dans un cercle & j'y apperçois un faſtidieux animal connue ſous le nom de *Petit-Maître*. Ce petit monſtre (car il y auroit conſçience de lui donner la qualité d'homme, puiſque c'eſt une eſpece d'être toute differentes des autres, & dont on auroit peine à donner une exacte définition) ce petit monſtre, dis-je, a des façons de cracher, de ſe moucher, de ſaluer, de rire, de marcher & de parler, qui lui ſont tout à

fait particulieres. Il y a beaucoup de dames à qui ce petit
monftre-là paroit fort aimable; d'autres, qui lui rendent juftice , en le regardant comme quelque chofe
de très fingulier & de très
ridicule ; de très vain , & de
très pufilanime. Que fait
donc un pareil fujet dans
la Société ? Tout le contraire
de ce que font les gens fen-
fés. Il parle fans fçavoir, rai-
fonne fans jugement, déci-
de fans examen. Il fait rire
les uns, parce qu'il plaifante ; fait pitié aux autres,
parce qu'il plaifante mal.
Quoiqu'il lui arrive fouvent

de foutenir des paradoxes qui choquent le fens commun, il ne laiffe pas quelquefois d'en être perfuadé: mais il foutient toujours, parce qu'il reffentiroit une mauvaife honte d'avouer fon ignorance , & que fon orgueil trouve mieux fon compte dans l'opiniâtreté. Quelque bonne que foit votre caufe , ne vous engagez pas avec lui dans une differtation. Malheur à vous, fi vous êtes raifonnable. Vous n'en fortirez pas à votre honneur. Sa volubilité de langue ne vous donnera pas le tems de vous

expliquer. Elle prévaudra
fur votre gros bon-fens, &
vous ferez vaincu, quoique
vous étiez abfolument le
plus fort. Traitez-vous fé-
rieufement quelque matie-
re abftraite ? Il va jetter un
ridicule, & fur cette ma-
tiere, & fur la façon dont
vous la traitez. C'eft fon
premier talent, car c'eft celui qui coute le moins à
fon efprit fuperficiel. Il fçait
à merveille vous lancer des
farcafmes amers, vous faire
des plaifanteries déplacés,
vous donner un vernis de
fottife, qu'il eft aifé de
faire réjaillir fur lui même,

pour peu qu'on foit aguerri.
Il n'y a qu'une chofe qu'il
ignore : c'eft de fe taire
& de parler à propos.
Comment donc écouter
cet infipide bavardage, direz-vous ? Comme un grand
Miniftre (*a*) écoutoit les
murmures de la populace,
je veux dire, comme un
homme entend fur le rivage
le bruit des flots d'une mer
irritée.

X L I X.

» Queft-ce que *paſſion* ?
» Pourquoi naiſſons-nons a-

(*a*) Le Cardinal Mazarin.

I vj

» vec des paſſions ? Quel a
» pû être le motif du ſou-
» verain être, en nous créant
» ſujets aux paſſions ?

Tais-toi, animal indoci-
le ; ne vois-tu pas que c'eſt
comme ſi tu voulois ſça-
voir pourquoi tu naîs avec
cette perfectibilité que tu
ne remarques point dans les
Bêtes ? Trouve moi quel-
qu'un qui puiſſe me dire
exactement ce que c'eſt
qu'*eſprit*, ce que c'eſt que
matiere , ce que c'eſt que
toi-même ; & enſuite je
te répondrai. » Mais, diras-
» tu , je ne puis chercher
» que parmi les hommes. »

Eh bien ! ne cherche point, & fais moi des queftions auxquelles un homme puiffe répondre. (*a*)

L.

je ne veux point differter fur les paffions : c'eft un fujet trop rebattu, une matiere affez obfcure, fur laquelle les Philofophes ont trop parlé. Il ne falloit pas

---

(*a*). Quelle chimere eft-ce donc que l'homme ! Quelle nouveauté ! quel cahos ! quel fujet de contradiction ! Juge de toutes chofes, imbécille ver de terre, dépofitaire du vrai, amas d'incertitude, gloire & rebut de l'Univers. S'il fe vante, je l'abaiffe : s'il s'abaiffe, je le vante ; & je le contredis toujours, jufqu'à ce qu'il comprenne qu'il eft un monftre incomphéhenfible. *Penfées* de Monfieur Pafcal Chap. XXI.

faire de ſi longs traités d'u-
ne choſe dont nous con-
noiſſons ſi peu la nature
& les principes. Tout cela
étoit inutile. En voulant
anatomiſer les paſſions ,
quelles découvertes l'eſprit
humain a-t-il faites ? Je n'en
ſçais rien : mais je ſçais
qu'il n'a pas appris à les
réprimer, ce qui étoit aſ-
ſurément le plus utile, quoique le moins aiſé. La plupart des Moraliſtes ont fait
ſur les paſſions de très-beaux
préceptes ; & la plûpart de
ces Méſſieurs ſe ſont dé-
mentis par leur propre conduite. Une pareille inconſé-
quence ſuffit pour déranger

tout un fyftême, & quoique les hommes peut-être n'en feroient pas plus vertueux, quand ils verroient un Philofophe parler le langage de la vertu, & la pratiquer, il eft toujours vrai de dire que, manquer foi-même à l'exécution de fes confeils, c'eft leur donner une raifon de plus d'étre méchans. Les paffions d'ailleurs font diverfifiées comme les phyfionomies. Leur nombre eft peut-être égal à celui même des hommes. Du moins on ne peut nier que les mêmes paffions prennent différens caractere chez différens hommes.

Donc, pour en parler avec juſteſſe, relativement à chaque homme en particulier, il faudroit voir ſon ame à découvert. Et chaque cœur eſt nu nouveau labyrinthe(*a*) dans lequel l'eſprit le plus ſubtil ne ſe reconnoît plus, & peut aiſément ſe perdre. Il faut ſe borner à n'en parler que généralement. Je ne dirai que deux choſes :

1°. Que croire nos paſſions mauvaiſes en elles-mêmes, c'eſt attaquer la juſtice ſuprême de qui nous les tenons ; & il ne feroit pas plus raiſonnable de le penſer ,

____

(*a*) Inextricabilis error. Virg. Æneid. Lib. V L.

que de dire que le feu & l'eau , ces deux élémens si terribles & si néceffaires , font mauvais en eux mê-mes , parce qu'ils peuvent entrainer la ruine du monde entier.

2°. Qu'en fuppofant que nos défirs fuffent un mal réel , nous n'en aurions pas moins mauvaife grace à nous plaindre , puifque ce mal nous eft commun avec tout ce qui refpire. Vous êtes fûr que perfonne dans l'Univers n'eft à l'a-bri de la mort , & cette perfuafion fuffit pour vous la rendre plus fupportable. Pourquoi donc ne pas pren-

dre votre parti, à l'égard
des paſſions ? Quelle pré-
rogative voulez vous avoir
de plus que les autres ani-
maux ? Si l'auteur de la nature ôtoit ces mêmes paſ-
ſions, vous vous plaindriez
encore. Vous trouveriez la
vie trop ſimple, trop uniforme. Car vous ne diſcon-
viendrez point que les deſirs toujours renaiſſans jettent ſur la ſçene de la vie,
une variété qui nous fait
quelquefois tort en nous
amuſant ; mais qui nous
amuſe en effet. Soyez donc
content de votre état ac-
tuel, autant parce qu'il eſt
celui de tout l'Univers,

que parce qu'il ne peut changer. » Aucune créatu- » re, dit Commines, n'eſt » exempte de paſſion. Tous » mangent leur pain en pei- » ne & douleur. Notre Sei- » gneur le promit, dès qu'il » fit l'homme, & loyaument » l'a tenu à toutes gens.

Il n'y a point là de quoi s'attriſter. C'eſt un motif de conſolation que je vous pro- poſe. Prenez-le, ſi vous vou- lez : mais je vous avertis qu'en le refuſant, vous ſe- rez moins ſage, & plus mal- heureux.

L I.

Lecteur, deux mots. Si

ces *Loifirs* ont pû vous procurer un loifir agréable, je
ne réponds pas d'une ten-
tation pour l'avenir. Si je
vous ai ennuyé, je confeffe
que j'ai eû tort, mais je
n'en ferai pas plus trifte.
Je me tairai, j'étudierai, &
les fruits de mes petits travaux littéraires, mourront
dans mon cabinet. En ce
dernier cas, qui peut-être
n'eft pas le plus éloigné,
je dois vous prier d'une
chofe ; c'eft de me pardonner mon amour-propre, en
faveur de mon amour pour
la vertu.

FIN.

Catalogue de Livres nouveaux qui se vendent chez DUCHESNE, Libraire, à Paris, rue Saint Jacques, au Temple du Goût. 1756.

BIbliothéque amusante & instructive, 2 vol. *in-12.* reliés,   5 liv.

La Baguette mistérieuse, où Histoire d'Abizaï, 2 parties brochées, 2 liv.

Bagatelles morales, par Monsieur l'Abbé Coyer, *in-12.* relié,   2 liv.

La Noblesse commerçante, par le même Auteur, *in-12.* broché.   1 liv. 16 f.

Histoires Edifiantes, pour servir de lecture aux jeunes demoiselles de condition. Nouvelle édition, *in-12.* 2 liv. 10 f. relié.

Mémoires de l'Académie de Troyes, nouvelle édition, considérablement augmentée, entr'autres articles, de celui de battre sa maîtresse, 2 vol. *in-12.* 2 liv. 8 f.

Dissertation de M. l'Abbé Coyer, sur le mot de Patrie, sur la nature du peuple, & la Religion Grecque & Romaine, *in-12.* relié,   2 liv.

Hiſtoire des Conjurations & Révolutions
célébres, les tom. 4. 5 & 6. 7 liv. 10 ſ.
Eſſais hiſtoriques ſur Paris, par M. de
Saintfois, trois parties brochée enſemble, 4 liv. 10 ſ. & ſéparément 36 ſ.
chaque partie.
Fables & Contes, avec un Diſcours ſur
la Littérature Allemande, par M. de
Rivery, *in*-1 2. belles vignettes 2 liv.
10 ſ.
Les faux Pas, ou mes Mémoires vrais
ou vrai-ſemblables, de la Baronne
de . . ., 2 parties brochée. 2 liv. 8 ſ.
Les embelliſſemens de Paris, *in*-1 2. 3
parties, brochés. 3 liv. 12 ſ.
Hiſtoire de M. Conſtances, Miniſtre
du Roi de Siam, par M. Deſlandes,
in-1 2 1 liv.
Mémoire du Comte de Baneſton, par
M. de Forceville, 2 parties, broché.
2 liv. 10 ſ.
La Médecine expérimentale, ou le Réſultat des nouvelles Obſervations pra-
tiques & anatomiques, par M. Thié-
ry, Medecin de l'Empereur, *in*-1 2.
relié. 2 liv. 10 ſ.
Mémoires du Chevalier d'Herban, 2 parties *in*-1 2. 2 liv.
Deſcription hiſtorique & géographique
des Plaines d'Heliopolis & Memphis

avec les plans & figures en taille douce
in-12. 2 liv. 10 f.

Tableau de l'Empire Ottoman par M.
l'Abbé De la Porte. *in*-12. 2 liv.

Triomphe de l'Amour, ou le Serpent caché fous les fleurs, fuivi de la Brochure à la mode, 2 parties *in*-12
broché. 2 liv. 8 f.

Les intéréts de la France mal entendus,
dans la population, l'agriculture, les
finances, le commerce, la marine &
l'induftrie, *in*-12 Nouvelle édition.

Le Dictionnaire portatif de la Langue
Françoife, extrait du grand Dictionnaire de Richelet, *in*-8° 6 liv.

La France Littéraire ou les Beaux Arts,
contenant les noms des Auteurs vivans.
in-12 broché, 1 liv· 16 f.

Hiftoire intereffante, ou Relation des
Guerres du Nord & de Hongrie au
commencement de ce fiécle 2 vol.
3 liv.

La Princeffe de Gonzagues 2 parties
2 liv. 8 f.

Lettres d'un Citoyen fur la permiffion
de commerçer dans les Colonies, annoncée par les Puiffances neutres,
3 cahiers, 36 f.

Les Spectacles Nocturnes ouvrage épifodique 2 parties *in*-12, 2 liv.

Le Troc, Parodie des Trocqueurs, gravé.
3 liv 12 f.

Histoire de l'Académie Royale de Musique, depuis son établissement en France, jusqu'à présent, 2 vol. *in*-8°. 5 liv.

Traité du Sénat Romain, par M. le Président de . . . . 1 liv 8 f.

La nouvelle édition de Telliamed considérablement augmentée de plusieurs piéces relatives à l'ouvrage & de la vie de l'Auteur, 2 vol. *in*-12. 5 liv.

Le Recueil des Œuvres de M. Vadé, 3 vol. *in*-8° avec les airs notés. 15 liv.

Le deuxiéme volume des Antiquités Grecques, Romaines, Etreusques & Gauloises, gravées en taille-douce, au nombre de 144 Planche *in*-4° par M. le Comte de-Cailus. 24 liv.

Les Lorsirs Philosophiques *in*-12. 1 l. 10 f.

Les Amours du bon vieux tems 1 liv. 4 f

Relation Historique du Tremblement de terre arrivé à Lisbonne, précedé d'un discours politique sur le bien que le Portugal peut retirer de ses malheurs, broché. 1 liv. 16 f.

Boca, ou la Vertu récompensée conte nouv. par Madame Husson *in*-12. 1 liv. 10 f.

Lettres à un Américain, sur l'Histoire naturelle de M. de Buffon, *in*-12, 5 parties brochés 7 liv 10 f.

Lettres Philosophiques, par un Gendarme, *in*-12, 1 liv.

FIN.

www.ingramcontent.com/pod-product-compliance
Ingram Content Group UK Ltd.
Pitfield, Milton Keynes, MK11 3LW, UK
UKHW020826120726
13693UKWH00002B/482